菜根譚

채근담
따라쓰기

손으로 쓰면서 마음에 새기는 인생 교과서

菜根譚

채근담 따라쓰기

홍자성 지음
시사정보연구원 편저

손으로 쓰면서 마음에 새기는 인생 교과서
菜根譚 채근담 따라쓰기

초판 발행   2017년 11월 20일

지은이   홍자성
편저자   시사정보연구원
발행인   권윤삼
발행처   도서출판 산수야

등록번호   제1-1515호
주소   서울시 마포구 월드컵로 165-4
우편번호   03962
전화   02-332-9655
팩스   02-335-0674

ISBN 978-89-8097-420-7   13190

값은 뒤표지에 있습니다. 잘못된 책은 바꾸어 드립니다.

이 책의 모든 법적 권리는 도서출판 산수야에 있습니다.
저작권법에 의해 보호받는 저작물이므로
본사의 허락 없이 무단 전재, 복제, 전자출판 등을 금합니다.

머리말 ★

삶의 지혜를 일깨우는
동양 최고의 지혜서 채근담

   하루가 다르게 변화하는 문명 속에서 우리는 정신적 육체적 피로를 느끼며 살아간다. 시골의 삶을 동경하고, 한적한 곳에서의 휴식을 원하고, 힐링이라는 이름으로 다양한 취미활동들이 생겨난다. 현대사회가 주는 피로를 짧은 글귀로 날릴 수 있다면 어떨까?

   우리는 어려서부터 유대인들의 경전이자 잠언집인 탈무드를 접할 수 있었다. 짧은 글이 주는 긴 울림이라는 문구도 눈길을 끌기는 했지만 무엇보다 세계를 이끄는 영향력자와 부호들 중에 유대인이 많은데 이들을 인터뷰할 때면 언급되는 책이 바로 탈무드이기도 한 영향이 컸다.

   우리에게는 탈무드와 비교하여 뒤질 게 없는 책이 있다. 바로 채근담이다. 채근담은 중국 명나라 말기 문인인 홍자성(홍응명(洪應明), 환초도인(還初道人))이 지은 책으로 인생의 처세를 다루고 있다. 책 제목으로 사용된 '채근'(菜根)은 송나라의 학자인 왕신민이 "인상능교채근즉백사가성(人常能咬菜根卽百事可成)"이라고 한 데서 따왔다고 전해지고 있다. 부귀영화를 탐내지 않고 쓰디쓴 풀뿌리라도 달게 먹을 수 있는 겸양과 인내가 있다면, 못 이룰 일이 없다는 뜻을 담고 있다.

세상을 살아가는 처세에 관한 지혜가 담겨 있는 채근담은 인간이 나고 자라는 기틀을 깨닫게 하며, 자신을 되돌아보게 만드는 책이다.

棲守道德者는 寂寞一時나 依阿權勢者는 凄凉萬古라.
도리를 지키고 덕을 베풀면서 사는 사람은 한때 적막하지만
권세에 기대고 아부하는 사람은 영원토록 처량하다.

인생이라는 개개인의 여정에서 급박한 사회의 물결에 휩쓸리지 않고 자신의 삶을 온전하게 지켜내기란 쉬운 일이 아니다. 하지만 그 지혜를 멀리에서 찾을 필요는 없을 것이다. 정치, 경제, 사회, 문화 전반에서 인간이 갖추어야 할 진리를, 오늘 하루를 의미 있게 살아내는 평범함을, 그리고 그 속에 담긴 삶의 진실을 채근담은 발견할 수 있도록 이끌고 있다.

개개인에게 주어진 이 땅에서의 여행길에서 자신이 추구하는 삶이 무엇인지, 어떤 삶이 보람되고 가치 있는 것인지, 최고의 가치를 발견했다면 어떻게 그 삶을 제대로 추구하면서 지켜나갈 수 있는지 동양 최고의 지혜서인 채근담은 가르쳐주고 있다.

채근담은 세상일에 물들지 않고, 불의에 타협하지 않으며, 자신의 가치를 온전히 지켜나갈 수 있도록 따뜻한 배려와 조언들을 가득 담고 있기 때문에 명사들이 권하는 일순위에 꼽는 책으로 알려져 있다. 우리의 마음을 다스리는 양서

가 많지만, 채근담은 담고 있는 내용들이 어렵지 않아서 일반 독자들에게 널리 사랑받기에 충분하다.

동양의 유교, 도교, 불교의 사상이 융합되어 있는 채근담은 전집 225장과 후집 134장으로 이루어져 있으나, 이 책에서는 전집 225장을 손으로 쓰면서 마음에 새길 수 있도록 편집했다. 시대와 장소를 뛰어넘어 우리의 영원한 고전으로 자리매김하고 있는 채근담을 따라쓰기 교재로 만들었기 때문에 한 자 한 자 쓰면서 외우고, 악필도 교정하는 일석이조의 효과를 얻을 수 있다.

손은 우리의 뇌와 밀접하게 연결되어 있다. 우리가 손으로 글씨를 쓰면 뇌를 자극하여 뇌 발달과 뇌 건강에 도움을 준다는 연구결과가 증명하듯 손글씨는 어린이와 어른을 아울러 주목받고 있는 분야이기도 하다. 글씨는 자신을 드러내는 거울이며 향기라고 성현들이 말했듯이 정성들여 자신만의 필체를 갖도록 노력하는 것도 좋을 것이다.

이 책은 학습효과를 높이는 데 적합하도록 다양한 요소들을 배치하였다. 먼저 한자 원문을 읽은 후 한글 풀이를 학습하고, 한글 내용을 보면서 원문도 기억하며 학습한다. 이를 실천한 후 쓰기를 하도록 만들어 놓은 칸을 활용하여 채근담을 익힌다면 채근담이 담고 있는 깊은 울림들을 수월하게 내 것으로 만들 수 있을 것이다.

★ 한자 쓰기의 기본 원칙

1. 위에서 아래로 쓴다.
   言(말씀 언) → 一 二 三 亖 言 言 言
   雲(구름 운) → 一 厂 戶 币 雨 雨 雪 雲 雲 雲

2. 왼쪽에서 오른쪽으로 쓴다.
   江(강 강) → 丶 丶 氵 氵 汀 江 江
   例(법식 예) → 丿 亻 仁 仁 佐 佐 例 例

3. 가로획과 세로획이 겹칠 때는 가로획을 먼저 쓴다.
   用(쓸 용) → 丿 冂 冂 月 用
   共(함께 공) → 一 十 卄 共 共 共

4. 삐침과 파임이 만날 때는 삐침을 먼저 쓴다.
   人(사람 인) → 丿 人
   文(글월 문) → 丶 一 ナ 文

5. 좌우가 대칭될 때에는 가운데를 먼저 쓴다.
   小(작을 소) → 亅 小 小
   承(받들 승) → 乛 了 了 孑 承 承 承

6. 둘러 싼 모양으로 된 자는 바깥쪽을 먼저 쓴다.
   同(같을 동) → 丨 冂 冂 同 同 同
   病(병날 병) → 丶 一 广 广 疒 疒 疒 病 病 病

7. 글자를 가로지르는 가로획은 나중에 긋는다.
   女(계집 녀) → 乚 女 女
   母(어미 모) → 乚 口 口 口 母

8. 글자 전체를 꿰뚫는 세로획은 나중에 쓴다.
   車(수레 거) → 一 厂 厅 曰 曰 車 車
   事(일 사) → 一 厂 亓 曰 写 写 事

9. 책받침(辶, 廴)은 나중에 쓴다
　　近(원근 근) → ´ ⺁ ⺁ ⺁ 斤 沂 近 近
　　建(세울 건) → ⁊ ⁊ ⺬ ⺬ ⺬ 聿 肀 建 建

10. 오른쪽 위에 점이 있는 글자는 그 점을 나중에 찍는다.
　　犬(개 견) → 一 ナ 大 犬
　　成(이룰 성) → ノ 厂 厂 厈 成 成 成

■ 한자의 기본 점(點)과 획(劃)
　(1) 점
　　① 「ノ」: 왼점　　　　　② 「丶」: 오른점
　　③ 「ᐯ」: 오른 치킴　　　④ 「ㇽ」: 오른점 삐침
　(2) 직선
　　⑤ 「一」: 가로긋기　　　⑥ 「丨」: 내리긋기
　　⑦ 「⼍」: 평갈고리　　　⑧ 「亅」: 왼 갈고리
　　⑨ 「ᐯ」: 오른 갈고리
　(3) 곡선
　　⑩ 「ノ」: 삐침　　　　　⑪ 「ノ」: 치킴
　　⑫ 「丶」: 파임　　　　　⑬ 「辶」: 받침
　　⑭ 「亅」: 굽은 갈고리　⑮ 「㇂」: 지게다리
　　⑯ 「㇄」: 누운 지게다리　⑰ 「乚」: 새가슴

少②	火④	主	伸	揮⑦	表
①	③	⑤	⑥	⑧	⑨
冷⑩	送	乎	式	忠	兄
⑪⑫	⑬	⑭	⑮	⑯	⑰

棲守道德者는 寂寞一時나
서 수 도 덕 자 적 막 일 시

依阿權勢者는 凄凉萬古라.
의 아 권 세 자 처 량 만 고

達人은 觀物外之物하고 思身後之身하니
달 인 관 물 외 지 물   사 신 후 지 신

寧受一時之寂寞이언정
영 수 일 시 지 적 막

毋取萬古之凄凉이라.
무 취 만 고 지 처 량

도리를 지키고 덕을 베풀면서 사는 사람은 한때 적막하지만 권세에 기대고 아부하는 사람은 영원토록 처량하다. 세상의 이치를 깨달은 사람은 사물 밖의 사물을 내다볼 줄 알고 사후의 명예를 생각하나니 차라리 한때의 적막함을 겪을지라도 영원히 처량해지는 것을 택하지 않는다.

涉世淺이면 點染亦淺하고 歷事深이면 機械亦深이라.
섭세천   점염역천   역사심   기계역심

故로 君子는 與其練達은 不若朴魯하고
고   군자   여기련달   불약박로

與其曲謹은 不若疎狂이라.
여기곡근   불약소광

세상일에 경험이 얕으면 그 만큼 때 묻지 않으나 세상일에 경험이 깊으면 남을 속이는 재주 또한 깊어진다. 그러므로 군자는 능란하기보다는 차라리 소박한 것이 낫고 치밀하기보다는 오히려 소탈한 편이 낫다.

君子之心事는 天靑日白하여 不可使人不知요
군자지심사   천청일백   불가사인부지

君子之才華는 玉韞珠藏하여 不可使人易知라.
군자지재화   옥온주장   불가사인이지

군자의 마음가짐은 하늘이 푸르고 햇빛이 밝은 것과 같이 남들이 모르게 해서는 아니 되며 군자의 재주와 지혜는 옥돌이 바위 속에 숨겨져 있고 진주가 바다 깊이 감추어져 있는 것처럼 남들이 쉽게 알게 해서는 아니 된다.

勢利紛華는 不近者爲潔이요
세리분화　　불근자위결

近之而不染者는 爲尤潔하며
근지이불염자　　위우결

智械機巧는 不知者爲高요
지계기교　　부지자위고

知之而不用者는 爲尤高니라.
지지이불용자　　위우고

권력과 명예와 이익과 사치를 가까이하지 않는 사람은 결백하고 그것을 가까이 하더라도 물들지 않는 사람을 더욱 결백하다고 하며 권모술수를 모르는 사람은 고상한 사람이고 그것을 알면서도 이용하지 않는 사람은 더욱 고상한 사람이다.

耳中에 常聞逆耳之言하고 心中에
이중　상문역이지언　　심중

常有拂心之事하면 纔是進德修行的砥石이라.
상유불심지사　　재시진덕수행적지석

若言言悅耳하고 事事快心하면
약언언열이　　사사쾌심

便把此生을 埋在鴆毒中矣라.
변파차생　매재짐독중의

귀로는 항상 귀에 거슬리는 말을 듣고 마음속에는 항상 마음에 거슬리는 일이 있다면 그것은 곧 덕과 행실을 갈고 닦는 숫돌이 된다. 만약 말마다 귀를 기쁘게 하고 일마다 마음을 즐겁게 한다면 이는 곧 인생을 무서운 독극물 속에 파묻는 것과 같다.

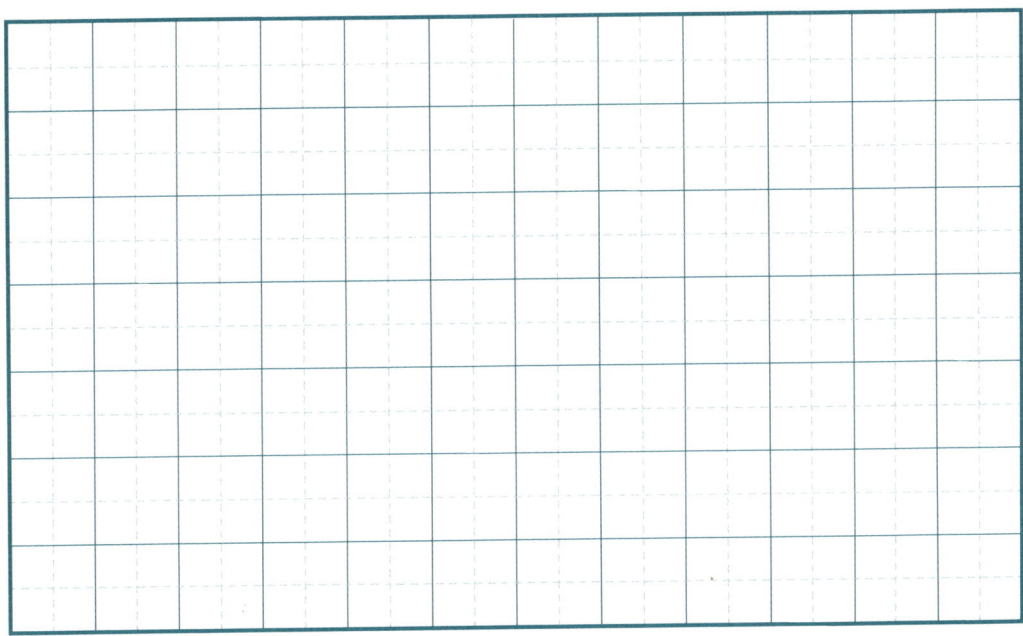

세찬 바람과 성난 빗줄기에는 새들도 근심하고 갠 날씨와 맑은 바람에는 초목도 기뻐하니 천지에는 하루라도 온화한 기운이 없어서는 안 되고 사람의 마음에는 하루도 즐거운 마음이 없어서는 안 된다.

醲肥辛甘이 非眞味요 眞味는 只是淡하며
농비신감　　 비진미　 진미　　지시담

神奇卓異가 非至人이요 至人은 只是常이라.
신기탁이　　 비지인　　 지인　　지시상

잘 익은 술과 기름진 고기와 맵고 단 것은 참다운 맛이 아니라 참다운 맛은 오직 담백할 뿐이다. 신기하고 뛰어난 재주를 가지고 있다고 해서 지극한 경지에 이른 사람이 아니라 지극한 사람은 오직 평범할 뿐이다.

天地는 寂然不動하되 而氣機는 無息少停하고
천지　 적연부동　　 이기기　　무식소정

日月은 晝夜奔馳하되 而貞明은 萬古不易이라.
일월　 주야분치　　 이정명　　만고불역

故로 君子는 閒時에 要有喫緊的心事하고
고　 군자　 한시　 요유끽긴적심사

忙處에 要有悠閒的趣味라.
망처　 요유유한적취미

천지는 고요하여 움직이지 않으나 그 기운의 활동은 잠시도 쉬지 않고 해와 달은 밤낮으로 분주하게 움직여도 그 밝음은 만고에 변하지 않는다. 그러므로 군자는 한가한 때일수록 다급한 일에 대처하는 마음가짐이 필요하고 바쁜 때일수록 여유 있는 마음가짐이 필요하다.

夜深人靜에 獨坐觀心하면
야심인정 독좌관심

始覺妄窮而眞獨露하니
시각망궁이진독로

每於此中에 得大機趣라.
매어차중 득대기취

旣覺眞現而妄難逃하면
기각진현이망난도

又於此中에 得大慚忸이라.
우어차중 득대참뉵

밤이 깊어 인적 고요한 때에 홀로 앉아 마음을 관찰해 보면 망념은 사라지고 진실이 홀로 나타남을 깨닫게 되니 매번 이 가운데서 큰 진리의 깨달음을 터득하게 된다. 진실이 나타났음에도 망념이 사라지지 않음을 깨닫게 되면 이 가운데서 크나큰 부끄러움을 터득하게 될 것이다.

恩裡에 由來生害하나니 故로 快意時에
은 리 유 래 생 해   고   쾌 의 시
須早回頭하고 敗後에 或反成功하나니
수 조 회 두   패 후   혹 반 성 공
故로 拂心處에 莫便放手하라.
고   불 심 처   막 변 방 수

은혜 속에서 원래 재앙이 싹트는 법이니 그러므로 만족스러운 때에 일찌감치 머리를 돌려 주위를 보고 실패한 뒤에 오히려 성공하는 경우도 있으니 그러므로 일이 뜻대로 되지 않는다 하여 서둘러 포기하지 말라.

藜口莧腸者는 多氷淸玉潔하고
여 구 현 장 자   다 빙 청 옥 결
袞衣玉食者는 甘婢膝奴顔이라.
곤 의 옥 식 자   감 비 슬 노 안
蓋志以澹泊明하고 而節從肥甘喪也라.
개 지 이 담 박 명   이 절 종 비 감 상 야

명아주를 먹고 비름으로 배를 채우는 사람 중에는 얼음처럼 맑고 옥같이 깨끗한 사람이 많지만 좋은 옷을 입고 좋은 음식을 먹는 사람 중에는 종처럼 굽실거리며 아첨하는 것도 마다하지 않는 사람이 많다. 대개 지조란 담백함으로써 뚜렷해지고 절개는 기름지고 달콤한 것을 탐하면 잃게 된다.

面前的田地는 要放得寬하여
면전적전지   요방득관
使人無不平之歎하고 身後的惠澤은
사인무불평지탄   신후적혜택
要流得久하여 使人有不匱之思라.
요류득구   사인유불궤지사

살아 있을 때의 마음은 활짝 열어서 너그럽게 하여 사람들로 하여금 불평하지 않도록 하고 죽은 뒤의 은혜는 오래 남도록 하여 사람들로 하여금 부족한 느낌이 없도록 하라.

徑路窄處엔 留一步하여 與人行하고
경로착처   유일보   여인행
滋味濃的은 減三分하여 讓人嗜하라.
자미농적   감삼분   양인기
此是涉世의 一極安樂法이니라.
차시섭세   일극안락법

작고 좁은 길에서는 한 걸음 멈추어 남을 먼저 가게 하고 맛있는 음식은 삼등분으로 덜어서 다른 사람에게 양보하여 맛보게 하라. 이것이 세상을 살아가는 가장 편안하고 즐거운 한 가지 방법이다.

作人이 無甚高遠事業이나
작인 무심고원사업
擺脫得俗情이면 便入名流하고
파탈득속정   변입명류
爲學이 無甚增益工夫나
위학 무심증익공부
減除得物累면 便超聖境이라.
감제득물루   변초성경

사람됨이 뛰어나게 높고 위대한 일은 못하더라도 세속의 정에서 벗어날 수 있다면 명사라 일컬을 수 있으며 학문을 닦음에 뛰어나게 공부하지 못하더라도 마음에서 물욕을 제거할 수 있다면 성인의 경지에 이를 수 있다.

交友에는 須帶三分俠氣하고
교우   수대삼분협기
作人에는 要存一點素心이라.
작인   요존일점소심

벗을 사귐에는 반드시 삼분의 의협심을 가져야 하고 사람됨에는 반드시 한 점의 순수한 마음을 지녀야 한다.

寵利에는 毋居人前하고 德業에는 毋落人後하라.
총리　　　무거인전　　　덕업　　　무락인후
受享에는 毋踰分外하고 修爲에는 毋減分中하라.
수향　　　무유분외　　　수위　　　무감분중

은총과 이익을 얻는 데는 남보다 앞서려고 하지 말고 덕행과 업적을 쌓는 데는 남에게 뒤쳐지지 말라. 받아서 누림에는 분수를 넘지 말고 닦아서 행함에는 분수를 줄이지 말라.

處世에는 讓一步爲高이니
처세　　　양일보위고
退步는 卽進步的張本이요
퇴보　　즉진보적장본
待人에는 寬一分是福이니
대인　　　관일분시복
利人은 實利己的根基니라.
이인　　실리기적근기

처세에는 한 걸음 양보하는 것을 높게 여기니 한 걸음 물러섬은 곧 앞으로 전진하는 바탕이 되고 사람을 대하는 일에는 한 가닥 너그러움이 복이 되니 남을 이롭게 하는 것이 실로 자신을 이롭게 하는 바탕이 된다.

蓋世功勞도 當不得一箇矜字요
개세공로 당부득일개긍자
彌天罪過도 當不得一箇悔字니라.
미천죄과 당부득일개회자

세상을 뒤덮을 만한 공로도 '자랑할 긍(矜)'이 지닌 원대함을 감당하지 못하고 하늘에 가득 찰 만한 허물도 '뉘우칠 회(悔)'가 지닌 반성의 힘을 감당하지 못한다.

完名美節은 不宜獨任이니
완명미절 불의독임
分些與人이면 可以遠害全身이요
분사여인 가이원해전신
辱行汚名은 不宜全推니 引些歸己면
욕행오명 불의전추 인사귀기
可以韜光養德이라.
가이도광양덕

완벽한 명예와 아름다운 절개는 혼자서만 차지해서는 안 되며 조금이라도 남에게 나누어 주어야만 가히 해로움을 멀리하고 몸을 보전할 수가 있다. 욕된 행실과 오명을 절대로 남에게 미뤄서는 안 되며 조금이라도 끌어다 자신에게 돌려야 가히 자신의 재능을 감추고 덕을 기를 수가 있다.

事事에 留個有餘不盡的意思면
사사 유개유여부진적의사

便造物이 不能忌我하고
변조물 불능기아

鬼神도 不能損我하나
귀신 불능손아

若業必求滿하며 功必求盈者는
약업필구만 공필구영자

不生內變하면 必召外憂나라.
불생내변 필소외우

일마다 조금의 여유를 두어 다하지 못하는 생각을 남겨둔다면 조물주도 나를 기피하지 못하고 귀신도 해치지 않을 것이나 만약 일마다 반드시 만족하기를 추구하고 공로도 반드시 완전하기를 바란다면 안으로 변란이 생기지 않으면 반드시 바깥에서 근심을 부르게 된다.

家庭有個眞佛하며 日用有種眞道라.
가정유개진불　　　일용유종진도

人能誠心和氣하고 愉色婉言하여
인능성심화기　　　유색완언

使父母兄弟間으로 形骸兩釋하고
사부모형제간　　　형해양석

意氣交流하면 勝於調息觀心萬倍矣니라.
의기교류　　　승어조식관심만배의

가정에도 하나의 참 부처가 있고 일상 속에도 하나의 참다운 도가 있다. 사람이 능히 성실한 마음과 온화한 기운을 지니고 즐거운 얼굴과 부드러운 말씨로 부모형제가 화합하고 뜻이 통하게 되면 이것이야말로 호흡을 조절하고 내면을 관조하는 것보다 만 배나 나은 것이다.

好動者는 雲電風燈이요
호 동 자   운 전 풍 등
嗜寂者는 死灰槁木이라.
기 적 자   사 회 고 목
須定雲止水中에 有鳶飛魚躍氣象하니
수 정 운 지 수 중   유 연 비 어 약 기 상
纔是有道的心體라.
재 시 유 도 적 심 체

움직이기를 좋아하는 사람은 구름 속의 번개나 바람 앞의 등불과 같고 고요함을 즐기는 사람은 불 꺼진 재나 마른 나뭇가지와 같다. 모름지기 멈추어 있는 구름이나 잔잔한 물과 같은 마음 가운데에 솔개가 날고 물고기가 뛰노는 기상이 있어야 하나니 이것이 바로 도를 깨우친 사람의 마음이다.

攻人之惡에 毋太嚴하라. 要思其堪受라.
공 인 지 악   무 태 엄   요 사 기 감 수
教人以善에 毋過高하라. 當使其可從이니라.
교 인 이 선   무 과 고   당 사 기 가 종

남의 허물을 꾸짖을 때는 너무 엄하게 하지 말라. 중요한 것은 상대가 그것을 받아들여 감당할 수 있을지를 생각해야 한다. 사람을 선으로 가르치되 지나치게 높아서는 안 되니 마땅히 그가 따를 수 있는 것으로 해야 한다.

糞蟲至穢나
분충지예

變爲蟬而飮露於秋風하고
변위선이음로어추풍

腐草無光이나
부초무광

化爲螢而耀采於夏月하니
화위형이요채어하월

固知潔常自汚出하며
고지결상자오출

明每從晦生也니라.
명매종회생야

굼벵이는 더럽지만 매미로 변하여 가을바람에 맑은 이슬을 마시고 썩은 풀은 빛이 없지만 반딧불로 변해서 여름밤을 빛낸다. 깨끗함은 항상 더러움에서 나오고 밝음은 항상 어둠에서 비롯된다.

矜高倨傲는 無非客氣니
금고거오 무비객기

降伏得客氣下而後에 正氣伸하며
항복득객기하이후 정기신

情欲意識은 盡屬妄心하니
정욕의식 진속망심

消殺得妄心盡而後에 眞心現이라.
소쇄득망심진이후 진심현

뽐내고 오만한 것 중에 객기 아닌 것이 없으니 이 객기를 굴복시켜 물리친 뒤에야 바른 기운이 자라나고 정욕과 생각은 모두가 허망한 마음에 속한 것이니 허망한 마음을 물리친 뒤에야 진심이 나타난다.

飽後에 思味하면 則濃淡之境이 都消하며
포후　　사미　　　즉농담지경　　　도소

色後에 思婬하면 則男女之見이 盡絶이라.
색후　　사음　　　즉남녀지견　　　진절

故로 人常以事後之悔悟로
고　　인상이사후지회오

破臨事之癡迷하면 則性定而動無不正이라.
파림사지치미　　　즉성정이동무부정

배부른 뒤에 음식을 생각하면 맛있고 없음의 구분이 모두 사라지고 색욕을 충족시킨 후에 음란한 생각을 하면 남녀관계의 열정이 다 없어진다. 그러므로 사람이 항상 일이 끝난 뒤에 느끼는 뉘우침을 가지고 일에 임하여서 어리석음과 미혹을 깨트리면 곧 본성이 안정되고 행동에 그르침이 없게 된다.

居軒冕之中이나 不可無山林的氣味요
거헌면지중　　　불가무산림적기미

處林泉之下나 須要懷廊廟之經綸이라.
처림천지하　　　수요회랑묘지경륜

높은 지위에 있을 때에도 자연에 묻혀 사는 정취가 없어서는 안 되고 자연에 묻혀 있을지라도 모름지기 국가대사를 좌우할 큰 경륜을 품어야 한다.

處世에 不必邀功하라. 無過면 便是功이라.
처세　불필요공　　　　무과　변시공

與人에 不求感德하라. 無怨이면 便是德이라.
여인　불구감덕　　　　무원　변시덕

세상을 살아감에 있어서 반드시 성공만을 바라지 말라. 허물이 없으면 그것이 곧 성공이다. 남에게 베풀 때 그 은덕에 감동하기를 바라지 말라. 원망이 없으면 그것이 곧 은덕이다.

憂動은 是美德이나
우근　시미덕

太苦則無以適性怡情하고
태고즉무이적성이정

澹泊은 是高風이나
담박　시고풍

太枯則無以濟人利物이라.
태고즉무이제인이물

조심스럽고 부지런한 것이 미덕이기는 하지만 지나치게 수고로우면 본성에 맞추고 마음을 기쁘게 할 수가 없으며 청렴하고 결백한 것이 높은 품격이긴 하지만 지나치게 메마르면 사람을 구하고 사물을 이롭게 할 수가 없다.

事窮勢蹙之人은 當原其初心하고
사궁세축지인   당원기초심

功成行滿之士는 要觀其末路니라.
공성행만지사   요관기말로

일이 막히고 세력이 꺾여 위축된 사람은 마땅히 처음 일을 시작할 때의 마음을 생각해 보아야 하고 공적을 이루고 행동이 만족스런 사람은 마땅히 그 마지막에 대해 관심을 가지고 살펴야 한다.

富貴家는 宜寬厚어늘 而反忌刻이면
부귀가   의관후   이반기각

是는 富貴而貧賤其行矣니 如何能享이리오.
시   부귀이빈천기행의   여하능향

聰明人은 宜斂藏이어늘 而反炫耀하면
총명인   의렴장   이반현요

是는 聰明而愚懵其病矣니 如何不敗리오.
시   총명이우몽기병의   여하불패

부귀한 집안은 마땅히 너그럽고 후덕해야 하거늘 오히려 시기하고 각박하다면 그것은 곧 부귀하면서도 행실은 가난하고 천한 것이니 어찌 복을 누릴 수 있겠는가? 총명한 사람은 마땅히 그 재주를 거두어 감추어야 하거늘 오히려 드러내 자랑한다면 그것은 곧 총명하면서도 어리석고 어두운 병폐에 빠져 있는 것이니 어찌 실패하지 않겠는가?

居卑而後에 知登高之爲危하고
거비이후 지등고지위위

處晦而後에 知向明之太露하며
처회이후 지향명지태로

守靜而後에 知好動之過勞하고
수정이후 지호동지과로

養默而後에 知多言之爲躁니라.
양묵이후 지다언지위조

낮은 지위에 있어 본 후에야 높은 곳에 오르는 것이 위태로운 줄 알게 되고 어두운 곳에 있어 보아야 밝은 곳으로 향하는 것이 눈부심을 알 것이며 고요함을 지켜낸 후에야 움직이기 좋아함이 수고로운 것임을 알게 되고 침묵을 수양해 본 후에야 말 많음이 시끄러운 것임을 알게 된다.

放得功名富貴之心下라야 便可脫凡하고
방득공명부귀지심하 변가탈범

放得道德仁義之心下라야 纔可入聖이라.
방득도덕인의지심하 재가입성

공명과 부귀에 얽매인 마음을 버려야 범속에서 벗어날 수 있고 인의와 도덕에 대한 마음을 놓아버려야 비로소 성인의 경지에 들어설 수 있다.

利欲이 未盡害心이요
이욕   미진해심
意見이 乃害心之蟊賊이며 聲色이 未必障道요
의견   내해심지모적   성색   미필장도
聰明이 乃障道之藩屛이라.
총명   내장도지번병

이익을 탐하는 욕망이 사람의 마음을 해치는 것이 아니라 독선적인 생각이 바로 마음을 해치는 벌레이고 여색이 반드시 도를 가로막는 것이 아니라 총명함이 오히려 도를 가로막는 장애물이다.

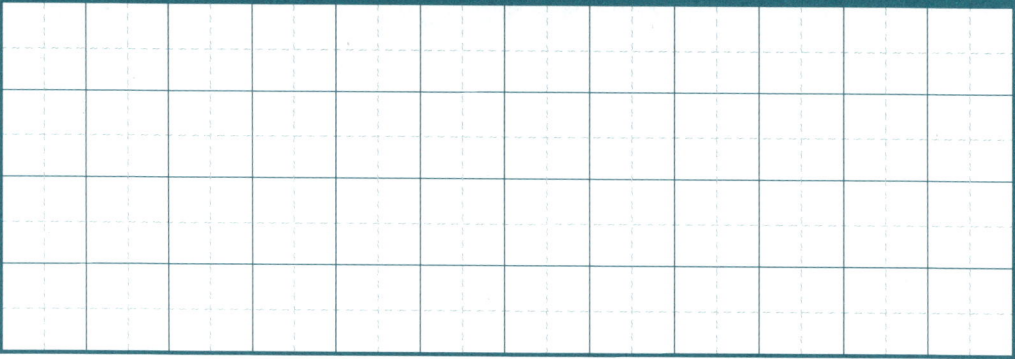

人情은 反復하며 世路는 崎嶇하다.
인정   반복   세로   기구
行不去處에는 須知退一步之法하고
행불거처   수지퇴일보지법
行得去處에는 務加讓三分之功하라.
행득거처   무가양삼분지공

인정은 변하기 쉽고 세상길은 험난하다. 가기 어려운 곳에서는 모름지기 한 걸음 물러설 줄 알고 쉽게 갈 수 있는 곳이라도 약간의 공로를 양보하는 것이 좋다.

待小人에는 不難於嚴이나 而難於不惡하며
대 소 인   불 난 어 엄   이 난 어 불 오
待君子에는 不難於恭이나 而難於有禮라.
대 군 자   불 난 어 공   이 난 어 유 례

소인을 대함에 있어서는 엄하기가 어려운 것이 아니라 미워하지 않기가 어려우며 군자를 대함에 있어서는 공손하기가 어려운 것이 아니라 예를 지키기가 어려운 법이다.

寧守渾噩하고 而黜聰明하여
영 수 혼 악   이 출 총 명
留些正氣還天地하며 寧謝紛華하고
유 사 정 기 환 천 지   영 사 분 화
而甘澹泊하여 遺個淸名在乾坤하라.
이 감 담 박   유 개 청 명 재 건 곤

차라리 순박함을 지키고 총명함을 물리쳐서 약간의 바른 기운을 남겨 천지에 돌려주고 차라리 화려함을 사양하고 담박함을 달게 여겨 깨끗한 이름을 온 세상에 남기도록 하라.

降魔者는 先降自心하라. 心伏하면 則群魔退聽이라.
항마자　선항자심　　　심복　　　즉군마퇴청

馭橫者는 先馭此氣하라. 氣平하면 則外橫不侵이라.
어횡자　선어차기　　　기평　　　즉외횡불침

악마를 굴복시키려고 하는 사람은 먼저 자신의 마음부터 굴복시켜라. 마음이 굴복하면 모든 악마는 물러난다. 포악함을 제어하려고 하는 사람은 먼저 자신의 객기부터 제어하라. 객기가 제어되면 포악한 마음이 침입할 수가 없다.

敎弟子는 如養閨女하여 最要嚴出入하고
교제자　여양규녀　　　최요엄출입

謹交遊하니 若一接近匪人하면 是淸淨田中에
근교유　　　약일접근비인　　　시청정전중

下一不淨種子하여 便終身難植嘉禾라.
하일부정종자　　　변종신난식가화

제자를 가르치는 것은 마치 규중의 처녀를 기르는 것과 같아서 출입을 엄하게 하고 친구 사귐을 조심해야 한다. 만약 한 번 나쁜 친구와 가까이하게 되면 이는 깨끗한 논밭에 잡초의 씨앗을 뿌리는 것과 같아서 평생토록 좋은 곡식을 심기가 어렵다.

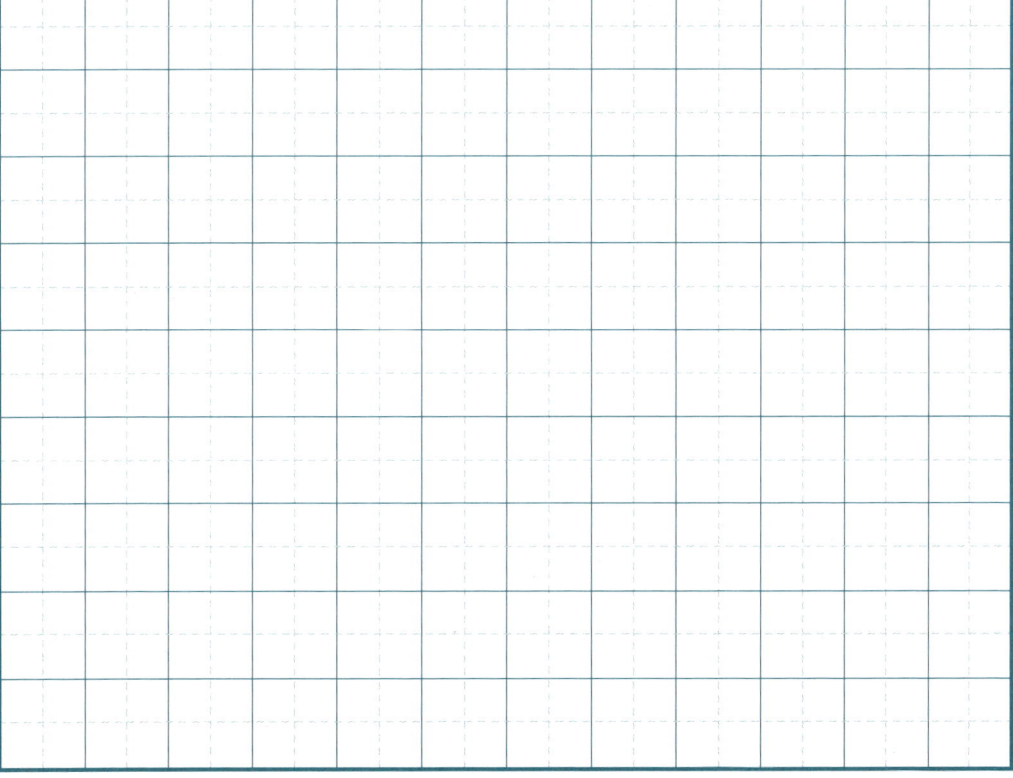

欲路上事는 毋樂其便하여 而姑爲染指하라.
욕로상사 무락기편 이고위염지

一染指면 便深入萬仞하리라.
일염지 변심입만인

理路上事는 毋憚其難하여 而稍爲退步하라.
이로상사 무탄기난 이초위퇴보

一退步면 便遠隔千山하리라
일퇴보 변원격천산

정욕에 관한 것은 쉽게 즐길 수 있다 하여도 잠시라도 물들게 하지 말라. 한 번이라도 가까이하면 곧 만 길 낭떠러지로 빠져들게 된다. 도리에 관한 일은 어렵다 하여 뒤로 물러서지 말라. 한 번 물러서면 천개의 산이 가로막은 듯 멀어지게 된다.

念頭濃者는 自待厚하고
염두농자   자대후
待人亦厚하여 處處皆濃하며
대인역후   처처개농
念頭淡者는 自待薄하고
염두담자   자대박
待人亦薄하여 事事皆淡이라.
대인역박   사사개담
故로 君子는 居常嗜好에
고 군자 거상기호
不可太濃艷하며 亦不可太枯寂이라.
불가태농염   역불가태고적

생각이 깊은 사람은 자신뿐 아니라 남에게도 후하여 이르는 곳마다 후하고 생각이 얕은 사람은 자신뿐 아니라 남에게도 각박하여 하는 일마다 야박하다. 그러므로 군자는 평상시에 즐기고 좋아하기를 너무 짙고 화려하게 해서도 안 되고 또한 너무 야박하여 고적하게 해서도 안 된다.

彼富면 我仁이요
피부   아인

彼爵이면 我義라.
피작   아의

君子는 固不爲君相所牢籠이라.
군자   고불위군상소뇌롱

人定하면 勝天하고
인정   승천

志一하면 動氣라.
지일   동기

君子는 亦不受造物之陶鑄라.
군자   역불수조물지도주

상대가 부를 내세우면 나는 인을 내세우고 상대가 지위를 내세우면 나는 의로움을 내세울 것이니 군자는 본디 지위에 농락되지 않는다. 사람이 힘을 모으면 하늘을 이기고 뜻을 하나로 모으면 기질도 움직이게 하는 법이니 군자는 또한 조물주가 만든 운명의 틀 속에 갇히지 않는다.

立身不高一步立하면 如塵裡에 振衣하며
입신불고일보립　　　여진리　진의
泥中에 濯足하니 如何超達이리오.
니중　탁족　　여하초달
處世에 不退一步處하면 如飛蛾가 投燭하며
처세　불퇴일보처　　　여비아　투촉
羝羊이 觸藩이니 如何安樂이리오.
저양　촉번　　여하안락

몸을 세움에 남보다 한 걸음 높이 세우지 않는다면 마치 먼지 속에서 옷을 털고 진흙 속에서 발을 씻는 것과 같으니 어찌 초탈할 수가 있겠는가. 세상을 살아가는 데 한 걸음 뒤로 물러서 처신하지 않는다면 마치 불나방이 등불에 날아들고 양의 뿔이 울타리에 걸리는 것과 같으니 어찌 안락함을 바라겠는가.

學者는 要收拾精神하여 倂歸一路라.
학자　요수습정신　　　병귀일로
如修德에 而留意於事功名譽하면
여수덕　이유의어사공명예
必無實詣하며 讀書에 而寄興於吟詠風雅하면
필무실예　　독서　이기흥어음영풍아
定不深心이라.
정불심심

배우는 사람은 정신을 가다듬어 뜻을 한 곳으로 모아야 한다. 만일 덕을 닦으면서 뜻을 공적이나 명예에 둔다면 진리의 깊은 경지에 다다를 수 없고 책을 읽으면서 감흥을 시나 읊고 풍류를 즐기는 데 머문다면 결코 깊은 핵심에는 다다를 수 없다.

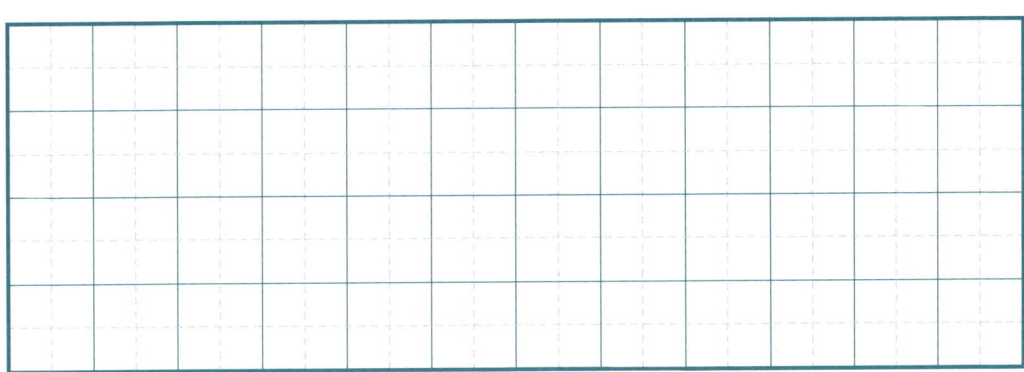

사람마다 누구나 큰 자비심을 지니고 있으니 도가 높은 자와 백정과 망나니는 서로 두 마음을 가진 것이 아니며 어디에나 참된 취미가 있으니 대저택과 초가집이 서 있는 땅이 서로 다르지 않다. 다만 욕심에 덮이고 사사로운 정에 가려 눈앞의 착오나 잘못이 지척을 천 리가 되게 한다.

進德修道에는 要個木石的念頭니
진덕수도　　　요개목석적념두

若一有欣羨이면 便趨欲境이라.
약일유흔선　　　변추욕경

濟世經邦에는 要段雲水的趣味니
제세경방　　　요단운수적취미

若一有貪著이면 便墮危機니라.
약일유탐착　　　변타위기

도와 덕을 닦는 데에는 목석같이 굳은 마음을 가져야 한다. 만일 한 번이라도 부러워하는 마음이 생겨나면 곧 물욕의 세계로 치닫게 된다. 세상을 구하고 나라를 다스림에는 모름지기 구름과 물처럼 담백한 취미를 가져야 한다. 만약 일단 탐욕에 집착하게 되면 금방 위기에 떨어지게 된다.

吉人은 無論作用安詳이요
길인　무론작용안상

則夢寐神魂도 無非和氣라.
즉몽매신혼　　무비화기

凶人은 無論行事狼戾요
흉인　무론행사낭려

則聲音咲語도 渾是殺機라.
즉성음소어　　혼시살기

착한 사람은 몸가짐이 편안하고 복됨은 말할 것도 없고 잠자는 동안이나 영혼까지 기운이 온화하지 않음이 없다. 악한 사람은 행동이 사나운 것은 물론 목소리와 웃으며 하는 말에도 살기가 섞여 있다.

肝受病하면 則目不能視하고
간 수 병　　즉 목 불 능 시

腎受病하면 則耳不能聽하니
신 수 병　　즉 이 불 능 청

病受於人所不見하여 必發於人所共見이라.
병 수 어 인 소 불 견　　필 발 어 인 소 공 견

故로 君子는 欲無得罪於昭昭어든
고　군 자　욕 무 득 죄 어 소 소

先無得罪於冥冥하라.
선 무 득 죄 어 명 명

간이 병들면 눈이 멀게 되고 콩팥이 병들면 귀가 들리지 않게 되니 병은 사람이 볼 수 없는 데서 생겨서 반드시 사람이 볼 수 있는 곳에 나타난다. 그러므로 군자는 밝은 곳에서 죄를 짓지 않으려면 먼저 어두운 곳에서 죄를 짓는 일이 없어야 한다.

福莫福於少事하고 禍莫禍於多心이니
복막복어소사　　　화막화어다심

唯苦事者라야 方知少事之爲福이요
유고사자　　　방지소사지위복

唯平心者라야 始知多心之爲禍니라.
유평심자　　　시지다심지위화

복은 일이 적은 것보다 더한 복이 없고 재앙은 마음 쓸 일이 많은 것보다 더한 재앙이 없으니 오직 일에 시달려 본 사람만이 일이 적은 것이 복된 줄 알고 오직 마음이 화평한 사람만이 마음 쓸 일이 많은 것이 재앙임을 알게 된다.

處治世에는 宜方하고 處亂世에는 宜圓하며
처치세　　　의방　　　처난세　　　의원

處叔季之世에는 當方圓並用이라.
처숙계지세　　　당방원병용

待善人에는 宜寬하고 待惡人에는 宜嚴하며
대선인　　　의관　　　대악인　　　의엄

待庸衆之人에는 當寬嚴互存이라.
대용중지인　　　당관엄호존

태평한 세상을 살아감에는 몸가짐을 방정하게 하는 것이 좋고 어지러운 세상을 살아 감에는 원만히 살아가야 하며 평범한 세상을 살아감에는 방정함과 원만함을 아울러 가져야 한다. 착한 사람은 너그럽게 대해야 하고 악한 사람은 엄하게 대해야 하며 평범한 사람들은 너그럽고도 엄하게 대해야 한다.

我有功於人은 不可念이나
아 유 공 어 인   불 가 념

而過則不可不念이요
이 과 즉 불 가 불 념

人有恩於我는 不可忘이나
인 유 은 어 아   불 가 망

而怨則不可不忘이라.
이 원 즉 불 가 불 망

내가 남에게 베푼 것은 마음에 새겨 두지 말고 내가 남에게 잘못한 것은 마음 깊이 새겨 두며 남이 내게 베푼 은혜는 잊지 말고 남이 내게 끼친 원망은 잊지 않으면 안 된다.

施恩者가 內不見己하고 外不見人하면
시은자 내불현기 외불현인

則斗粟도 可當萬鍾之惠라.
즉두속 가당만종지혜

利物者가 計己之施하고 責人之報하면
이물자 계기지시 책인지보

雖百鎰이라도 難成一文之功이라.
수백일 난성일문지공

은혜를 베푸는 사람이 안으로 자신을 의식하지 않고 밖으로 받을 사람을 의식하지 않는다면 곧 한 말의 곡식도 수만 섬의 은혜가 된다. 남을 이롭게 하는 사람이 자기가 베푼 은혜를 따지고 보상을 바란다면 비록 아무리 많은 돈일지라도 한 푼의 공로도 이루기 어려울 것이다.

人之際遇는 有齊有不齊어늘
인지제우 유제유부제

而能使己獨齊乎아.
이능사기독제호

己之情理는 有順有不順이어늘
기지정리 유순유불순

而能使人皆順乎아.
이능사인개순호

以此相觀對治하면 亦是一方便法門이라.
이차상관대치 역시일방편법문

사람들이 처한 형편을 보면 모든 것을 갖출 수도 있고 못할 수도 있거늘 어찌 자기 혼자만 모든 것을 갖추려 하겠는가. 또 자기의 마음을 보더라도 순리에 맞을 때가 있고 맞지 않을 때가 있거늘 어찌 다른 사람을 모두 순리에 맞기를 바라겠는가. 이처럼 자기와 다른 사람을 비교하고 살펴서 다스린다면 이 또한 세상을 사는 좋은 방법이 될 것이다.

心地乾淨이라야 方可讀書學古라.
심지건정　　　　　방가독서학고

不然이면 見一善行에 竊以濟私하고
불연　　　견일선행　　절이제사

聞一善言에 假以覆短이라.
문일선언　　가이복단

是는 又藉寇兵而齎盜糧矣이라.
시　　우자구병이재도량의

깨끗한 마음으로 책을 읽어야 참된 옛 것을 배울 수 있다. 그렇지 않으면 한 가지 선행을 보고 그것을 훔쳐 사사로운 욕심을 채우게 되고 한마디의 좋은 말을 들으면 그것을 빌어 자기의 잘못을 덮을 것이니 이는 또한 적에게 무기를 빌려주고 도둑에게 양식을 제공하는 것과 같지 않겠는가.

奢者는 富而不足하나니
사자 부이부족

何如儉者의 貧而有餘리오.
하여검자 빈이유여

能者는 勞而府怨하나니
능자 노이부원

何如拙者의 逸而全眞이리오.
하여졸자 일이전진

사치스러운 사람은 아무리 부유해도 만족을 모르니 어찌 검소한 사람의 가난 속의 여유와 견줄 수 있겠는가. 유능한 사람은 애써 수고하면서도 원망을 불러들이니 어찌 서툰 사람의 한가하면서 천성을 보전하는 것과 같을 수 있겠는가.

讀書하되 不見聖賢하면 爲鉛槧傭이요
독서 불견성현 위연참용

居官하되 不愛子民하면 爲衣冠盜요
거관 불애자민 위의관도

講學하되 不尙躬行이면 爲口頭禪이요
강학 불상궁행 위구두선

立業하되 不思種德하면 爲眼前花라.
입업 불사종덕 위안전화

글을 읽어도 성현을 보지 못하면 글씨나 옮겨 써주는 사람에 불과하고 공직에 있으면서 백성을 사랑하지 않으면 의관을 걸쳐 입은 도둑이 될 것이며 학문을 가르치면서 몸소 실천하지 않는다면 말로만 참선하는 공염불이 될 것이며 큰 사업을 세우고도 덕을 심는 것을 생각하지 않으면 눈앞에서 잠깐 피고 지는 꽃처럼 덧없는 것이 될 뿐이다.

人心에 有一部眞文章이로되
인심   유일부진문장

都被殘編斷簡封錮了하며
도피잔편단간봉고료

有一部眞鼓吹로되 都被妖歌艶舞湮沒了하니
유일부진고취   도피요가염무인몰료

學者는 須掃除外物하고
학자   수소제외물

直覓本來하여 纔有個眞受用이라.
직멱본래   재유개진수용

사람의 마음속에는 누구나 한 편의 참 문장이 있지만 옛사람이 남긴 하찮은 말에 모두 막혀 버리고 누구나 한 가락 참된 풍류가 있지만 세상의 난잡한 가무에 모두 묻혀 버린다. 배우는 사람은 하찮은 외물을 쓸어버리고 본래의 마음을 찾아야 비로소 참다운 보람을 거둘 수 있다.

苦心中에 常得悅心之趣하고
고심중　　상득열심지취

得意時에 便生失意之悲니라.
득의시　　변생실의지비

마음이 괴로울 때는 언제나 마음을 즐겁게 하는 멋을 얻으며 뜻을 얻었을 때는 문득 실의의 슬픔이 발생하게 된다.

富貴名譽가 自道德來者는 如山林中花하여
부귀명예　자도덕래자　여산림중화

自是舒徐繁衍하고 自功業來者는
자시서서번연　　자공업래자

如盆檻中花하여 便有遷徙廢興하며
여분함중화　　변유천사폐흥

若以權力得者는 如瓶鉢中花하여
약이권력득자　여병발중화

其根을 不植이니 其萎를 可立而待矣라.
기근　불식　　기위　가립이대의

부귀와 명예가 도덕에서 오게 되면 숲속의 꽃처럼 그 뿌리와 잎이 저절로 자라서 번성하며 공로와 업적에서 오게 되면 화분 속의 꽃처럼 편의에 따라 옮겨지고 뽑히며 흥망이 있을 것이며 권력에서 오게 되면 화병 속의 꽃과 같아서 뿌리가 없으니 시드는 것은 가히 선채로 기다리면 알게 된다.

春至時和하면 花尚鋪一段好色하고
춘지시화   화상포일단호색

鳥且囀幾句好音하니
조차전기구호음

士君子가 幸列頭角하고
사군자   행렬두각

復遇溫飽하여 不思立好言行好事하면
부우온포   불사립호언행호사

雖是在世百年이라도 恰似未生一日이라.
수시재세백년   흡사미생일일

봄이 되어 화창하면 꽃들은 한층 더 아름다운 색으로 피고 새도 또한 몇 마디 고운 노래를 지저귄다. 선비가 다행히 세상에 두각을 나타내어 부유하게 살면서도 좋은 말과 좋은 일하기를 생각하지 않으면 백년을 살아도 하루도 살지 않음과 같다.

學者는 要有段兢業的心思하고
학자 요유단긍업적심사
又要有段瀟灑的趣味라.
우요유단소쇄적취미
若一味斂束淸苦하면
약일미렴속청고
是는 有秋殺無春生이니
시 유추살무춘생
何以發育萬物이리오?
하이발육만물

학문을 닦는 사람은 항상 조심하는 마음을 가지되 한편으로는 쾌활하고 시원한 멋을 지녀야 한다. 만약 몸가짐을 너무 엄하게 하여 지나치게 결백하기만 하면 그것은 쌀쌀한 가을의 냉기만 있을 뿐 따뜻한 봄의 생기가 없으니 어찌 만물을 자라게 할 수 있겠는가.

眞廉은 無廉名이니 立名者는 正所以爲貪이오.
진렴   무렴명   입명자   정소이위탐
大巧는 無巧術이니 用術者는 乃所以爲拙이라.
대교   무교술   용술자   내소이위졸

진정한 청렴은 청렴하다는 이름조차 붙일 수 없고 명성을 드러내는 사람은 바로 탐욕스럽기 때문이다. 뛰어난 재주에는 별달리 교묘한 재주가 없으니 재주를 부리는 것은 그 바탕이 졸렬하여 뛰어나지 못하기 때문이다.

敧器는 以滿覆하고 撲滿은 以空全이라.
기기   이만복   박만   이공전
故로 君子는 寧居無언정 不居有하며
고   군자   영거무   불거유
寧處缺이언정 不處完이라.
영처결   불처완

기기는 가득 차면 엎질러지고 박만은 텅 비어 있음으로써 온전하다. 군자는 차라리 무의 경지에 살지언정 유의 경지에 살지 않고 차라리 모자라는 곳에 머물지언정 가득 찬 곳에 머물지 않는다.

名根未拔者는 縱輕千乘甘一瓢라도
명 근 미 발 자   종 경 천 승 감 일 표
總墮塵情이요
총 타 진 정
客氣未融者는 雖澤四海利萬世라도
객 기 미 융 자   수 택 사 해 리 만 세
終爲剩技니라.
종 위 잉 기

이름과 이익을 탐하는 생각을 뿌리 뽑지 못한 사람은 비록 제왕의 부를 가볍게 여기고 한 표주박의 물을 달게 여길지라도 사실은 세속의 욕망에 떨어진 것이요 쓸모없는 용기가 완전히 사라지지 않은 사람은 비록 천하에 은덕을 베풀고 만대에 이익을 끼칠지라도 결국은 쓸모없는 재주에 그칠 뿐이다.

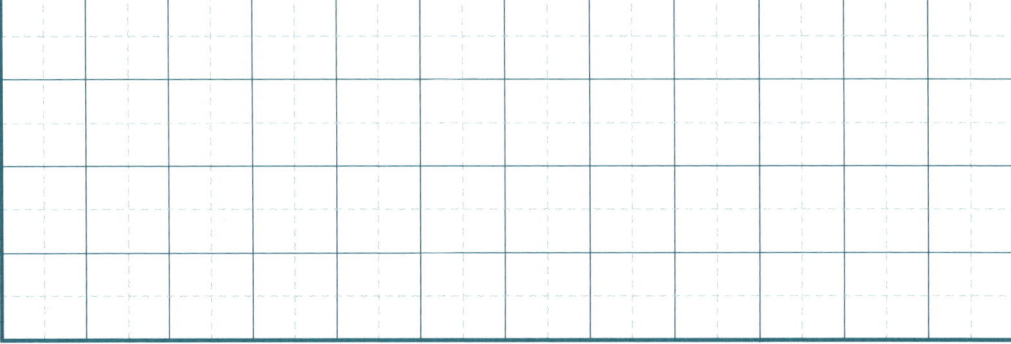

心體光明하면 暗室中에 有靑天이요
심 체 광 명   암 실 중   유 청 천
念頭暗昧하면 白日下에 生厲鬼니라.
염 두 암 매   백 일 하   생 려 귀

마음 바탕이 밝으면 어두운 방 가운데서도 푸른 하늘이 있고 생각이 어두우면 환한 대낮에도 귀신이 나타나는 법이다.

人知名位爲樂하고
인지명위위락

不知無名無位之樂爲最眞하며
부지무명무위지락위최진

人知饑寒爲憂하고
인지기한위우

不知不饑不寒之憂爲更甚이라.
부지불기불한지우위갱심

사람들은 명예와 높은 지위만을 즐거움인 줄 알지만 이름 없고 지위 없는 즐거움이 가장 참된 즐거움인 줄 모른다. 사람들은 굶주리고 추운 것만이 근심인 줄 알지만 굶주리지 않고 춥지 않은 데서 발생되는 근심이 더욱 큰 근심인 줄 모른다.

爲惡而畏人知는 惡中에 猶有善路요
위악이외인지 악중 유유선로

爲善而急人知는 善處卽是惡根이라.
위선이급인지 선처즉시악근

악한 일을 하면서도 남이 알까 두려움을 갖는 것은 악함 가운데도 오히려 선한 길이 있고 선한 일을 하면서도 남이 알아주기를 서두르는 것은 선함 속에 곧 악의 뿌리가 있기 때문이다.

天地機緘은 不測하여 抑而伸하고 伸而抑하니
천 지 기 함   불 측   억 이 신   신 이 억

皆是播弄英雄하고 顚倒豪傑處라.
개 시 파 롱 영 웅   전 도 호 걸 처

君子는 只是逆來順受하고 居安思危하니
군 자   지 시 역 래 순 수   거 안 사 위

天亦無所用其伎倆矣라.
천 역 무 소 용 기 기 량 의

하늘의 기밀은 헤아릴 수 없어 눌렀다가 펴고, 폈다가 다시 누르니 이것은 영웅을 조롱하고 호걸을 전복시키는 것이다. 군자는 천운이 역으로 와도 순리로 받아들이고 평온함 속에서도 위태로움을 생각하기 때문에 하늘도 마음대로 할 수가 없다.

燥性者는 火熾하여 遇物則焚하고
조 성 자   화 치   우 물 즉 분

寡恩者는 氷淸하여 逢物必殺하며
과 은 자   빙 청   봉 물 필 살

凝滯固執者는 如死水腐木하여 生機已絶하니
응 체 고 집 자   여 사 수 부 목   생 기 이 절

俱難建功業而延福祉니라.
구 난 건 공 업 이 연 복 지

성질이 조급한 사람은 불길 같아서 보는 것마다 태워버리고 은덕이 적은 사람은 얼음처럼 차가워서 부딪치는 것마다 얼려 죽이며 융통성이 없고 고집이 센 사람은 괴어 있는 물이나 썩은 나무와 같아 생기가 없으니 이들은 모두 공적을 세우고 복을 누리기 어렵다.

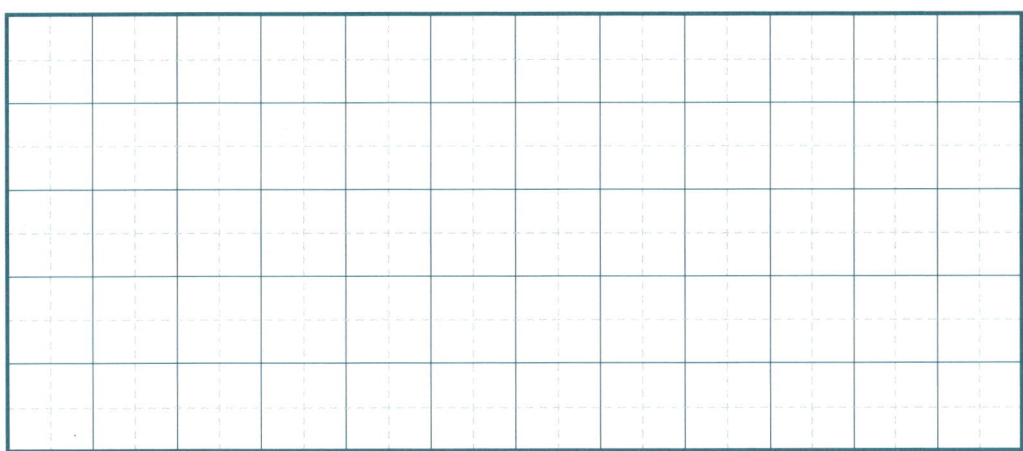

福不可徼 養喜神하여
복불가요 양희신

以爲召福之本而已요
이위소복지본이이

禍不可避니 去殺機하여
화불가피 거살기

以爲遠禍之方而已니라.
이위원화지방이이

복은 마음대로 구할 수가 없는 것이니 스스로 즐거운 마음을 길러서 복을 부르는 바탕으로 삼아야 하고 재앙은 마음대로 피할 수가 없는 것이니 남을 해치려는 마음을 버려 재앙을 멀리하는 방편으로 삼아야 한다.

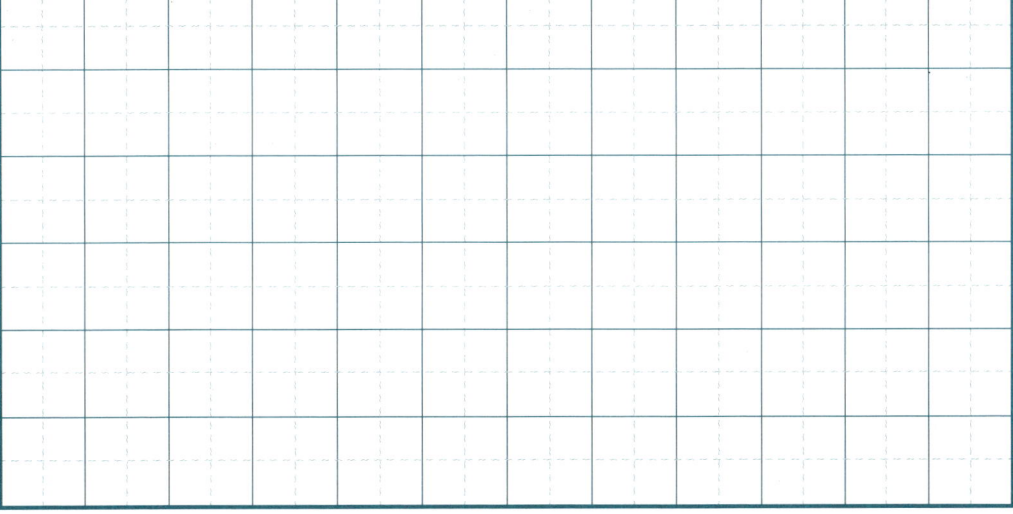

十語九中이라도 未必稱奇나
십 어 구 중   미 필 칭 기
一語不中이면 則愆尤騈集하며
일 어 부 중   즉 건 우 병 집
十謀九成이라도 未必歸功이나
십 모 구 성   미 필 귀 공
一謀不成이면 則訾議叢興하니
일 모 불 성   즉 자 의 총 흥
君子는 所以寧默이언정 毋躁하고
군 자   소 이 녕 묵   무 조
寧拙이언정 毋巧니라.
영 졸   무 교

열 마디 말 중에 아홉이 맞아도 반드시 신기하다 칭찬하지 않지만 한 마디만 들어맞지 않아도 비난의 목소리가 사방에 가득 차고 열 가지 계획 중에서 아홉을 달성시켜도 공로가 반드시 내게로 돌아오지 않지만 한 가지만 실패해도 비난하는 목소리가 일시에 일어난다. 군자는 차라리 침묵할지언정 섣불리 떠들지 않으며 모르는 척할지언정 아는 체하지 않는 것은 그 때문이다.

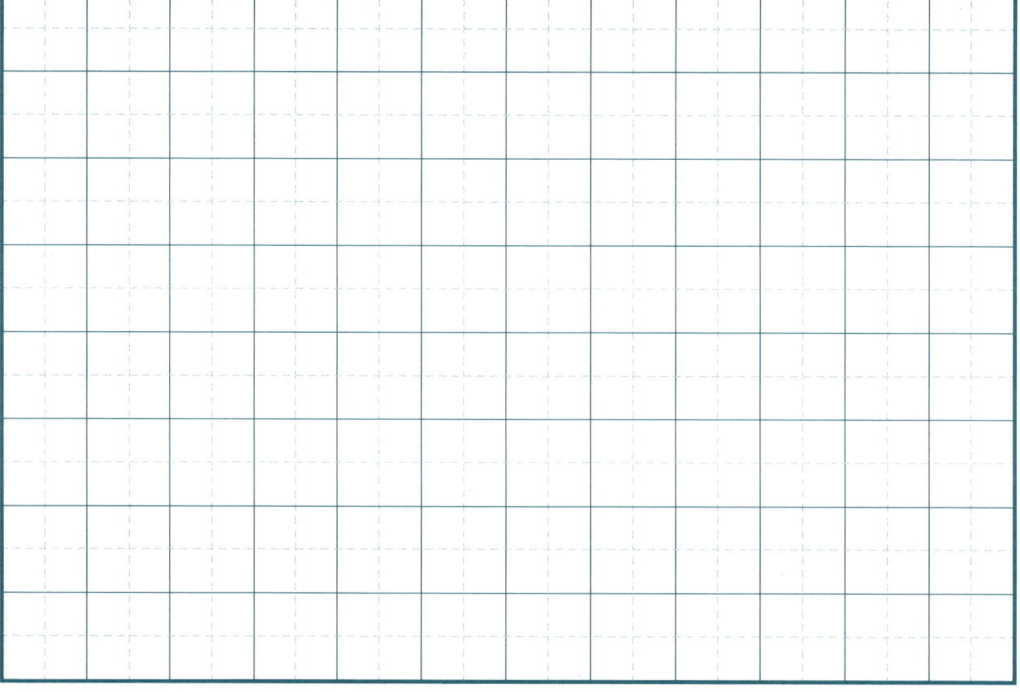

天地之氣는 暖則生하고 寒則殺이라.
천지지기 난즉생 한즉살

故로 性氣淸冷者는 受享亦凉薄하니
고 성기청냉자 수향역량박

唯和氣熱心之人이라야
유화기열심지인

其福亦厚하고 其澤亦長이라.
기복역후 기택역장

천지의 기운이 따뜻하면 만물이 자라나고 추워지면 시들어 죽는다. 그러므로 성품과 기질이 지나치게 맑고 차가운 사람은 복을 받아 누리는 것 또한 차고 박하니 오직 온화한 기질과 마음이 따뜻한 사람이라야 받아서 누릴 수 있는 복 또한 두텁고 오래간다.

天理路上은 甚寬하여 稍游心이라도
천리로상   심관   초유심
胸中에 便覺廣大宏朗하고
흉중   변각광대굉랑
人欲路上은 甚窄하여 纔寄迹이라도
인욕로상   심착   재기적
眼前에 俱是荊棘泥塗니라.
안전   구시형극니도

하늘의 도리를 따르는 길은 너무나 넓고 커서 거기에 조금만 마음을 두어도 가슴속이 문득 넓어지고 밝아짐을 깨닫게 되나 인간의 욕망을 따르는 길은 한없이 좁아 거기에 조금만 발을 들여놓으면 눈앞이 모두 가시덤불과 진흙탕으로 되어 버린다.

一苦一樂을 相磨練하여
일고일락 상마련

練極而成福者는 其福이 始久하고
연극이성복자 기복 시구

一疑一信을 相參勘하여
일의일신 상참감

勘極而成知者는 其知가 始眞이라.
감극이성지자 기지 시진

하나의 괴로움과 하나의 즐거움을 고루 연마하여 연마한 끝에 얻은 행복이어야 오래 가고 하나의 의심과 하나의 믿음을 고루 겪고 거기서 얻은 지식이어야 참 지식이다.

心不可不虛니 虛則義理來居하고
심불가불허 허즉의리래거

心不可不實이니 實則物欲不入이니라.
심불가불실 실즉물욕불입

마음은 비워 두지 않으면 안 되는 것이니 마음을 비워야 정의와 진리가 그곳에 와서 살 것이고 마음은 충만하지 않으면 안 되는 것이니 마음이 충만하면 물욕이 들어올 수가 없다.

地之穢者는 多生物하고
지 지 예 자   다 생 물

水之淸者는 常無魚라.
수 지 청 자   상 무 어

故로 君子는 當存含垢納汚之量하고
고   군 자   당 존 함 구 납 오 지 량

不可持好潔獨行之操라.
불 가 지 호 결 독 행 지 조

땅이 더러우면 생물이 무성하지만 물이 맑으면 항상 고기가 없는 법이다. 그러므로 군자는 때 묻고 더러움도 받아들이는 도량을 가져야 하고 깨끗함을 좋아하여 홀로 행하는 지조를 가지는 것은 올바른 처신이 아니다.

泛駕之馬도 可就驅馳하고
봉 가 지 마   가 취 구 치

躍冶之金도 終歸型範하니
약 야 지 금   종 귀 형 범

只一優游不振하면 便終身無個進步라.
지 일 우 유 부 진   변 종 신 무 개 진 보

白沙云하되 爲人多病이 未足羞요
백 사 운   위 인 다 병   미 족 수

一生無病이 是吾憂러니 眞確論也라.
일 생 무 병   시 오 우   진 확 론 야

수레를 뒤엎는 사나운 말도 길들이면 부릴 수가 있고 다루기 힘든 쇳덩이도 잘 다루면 좋은 기물이 되나 다만 사람이 한결같이 우유부단하여 분발하지 않으면 평생 아무것도 이룰 수가 없다. 백사가 말하기를 "사람들에게 병 많음이 부끄러울 것 없지만 평생토록 무병한 것이 바로 내 근심이다." 하니 참으로 옳은 말이다.

人只一念貪私면 便銷剛爲柔하고 塞智爲昏하며
인지일념탐사 변소강위유 색지위혼

變恩爲慘하고 染潔爲汚하여 壞了一生人品이라.
변은위참 염결위오 괴료일생인품

故로 古人은 以不貪으로 爲寶하니
고 고인 이불탐 위보

所以度越一世라.
소이도월일세

사람이 일단 사사로운 이익에 빠져들면 강직한 기질도 꺾여 유약해지고 지혜가 막혀 어리석게 될 뿐만 아니라 인자한 마음이 변하여 혹독해지고 또 깨끗함이 물들어서 더러워져 인간의 본성이 파괴되고 만다. 그러므로 옛사람들은 탐내지 않음을 귀하게 여겼으니 이것이 세상을 초월하여 현명하게 살아가는 방법이다.

耳目見聞은 爲外賊이요
이목견문   위외적

情欲意識은 爲內賊이니
정욕의식   위내적

只是主人翁이 惺惺不昧하여
지시주인옹   성성불매

獨坐中堂하면 賊便化爲家人矣라.
독좌중당   적변화위가인의

귀로 듣고 눈으로 보는 것은 바깥 도둑이지만 정욕에 대한 생각은 내면의 도둑이다. 다만 마음의 주인이 맑게 깨어서 홀로 중심을 잡고 앉아 있으면 도둑들도 변화하여 집안사람이 된다.

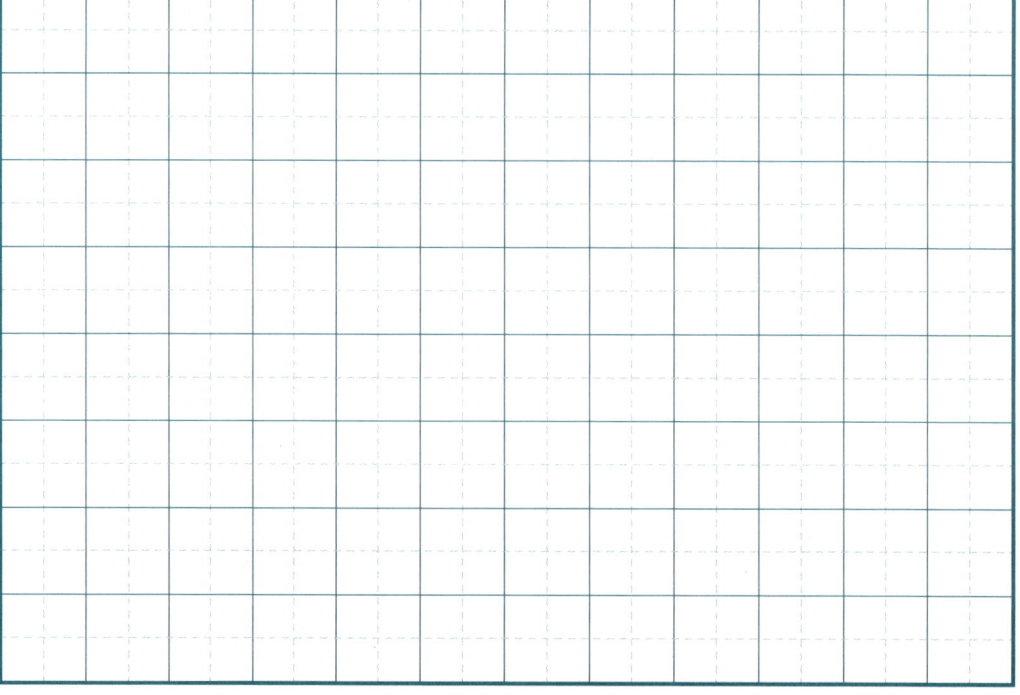

圖未就之功은 不如保已成之業이요
도미취지공　　　　불여보이성지업
悔旣往之失은 不如防將來之非라.
회기왕지실　　　　불여방장래지비

아직 시작하지 않은 일의 공로를 도모하는 것은 이미 이루어 놓은 공을 잘 보전함만 못하고 이미 지나간 실수를 후회하는 것은 앞으로 다가올 잘못을 예방함만 못하다.

氣象은 要高曠이나 而不可疎狂하고
기상　　요고광　　　이불가소광
心思는 要縝密이나 而不可瑣屑하며
심사　　요진밀　　　이불가쇄설
趣味는 要冲淡이나 而不可偏枯하고
취미　　요충담　　　이불가편고
操守는 要嚴明이나 而不可激烈이라.
조수　　요엄명　　　이불가격렬

사람의 기상은 높고 넓어야 하나 허술하거나 거칠어서는 안 되고 마음은 빈틈이 없어야 하지만 자질구레해서는 안 되며 취미는 담박한 것이 좋지만 치우치거나 메말라서는 안 되고 지조는 엄정하고 명백하게 지켜야 하지만 과격해서는 안 된다.

風來疎竹에 風過而竹不留聲하고
풍래소죽   풍과이죽불유성
雁度寒潭에 雁去而潭不留影이라.
안도한담   안거이담불유영
故로 君子는 事來而心始現하고
고 군자   사래이심시현
事去而心隨空이라.
사거이심수공

바람이 성긴 대숲에 불어와도 바람이 지나가면 대나무는 소리를 남기지 않고 기러기가 차가운 연못을 지나가도 기러기가 가고 나면 연못은 그림자를 남기지 않는다. 그러므로 군자는 일이 생기면 비로소 마음을 드러내고 일이 지나가면 마음도 따라서 비워 놓는다.

淸能有容하고 仁能善斷하며 明不傷察하고
청능유용   인능선단   명불상찰
直不過矯면 是謂 蜜餞不甛이요
직불과교   시위 밀전불첨
海味不鹹이니 纔是懿德이라.
해미불함   재시의덕

청렴결백하면서도 도량이 넓고 인자하면서도 결단력이 있으며 총명하면서도 지나치게 살피지 않고 강직하면서도 지나치게 따지지 않는다면 이는 '꿀을 넣은 음식이라도 달지 않고 해산물인데 짜지 않은 것'과 같으니 이것이 곧 아름다운 덕이다.

貧家도 淨拂地하고
빈가   정불지

貧女도 淨梳頭하면
빈녀   정소두

景色이 雖不艶麗나 氣度는 自是風雅리라.
경색   수불염려   기도   자시풍아

士君子가 一當窮愁寥落이나
사군자   일당궁수요락

奈何輒自廢弛裁리오.
내하첩자폐이재

가난한 집도 깨끗이 청소하고 가난한 여자라도 단정하게 빗질을 하면 모습이 비록 화려하고 아름답지는 않다 하더라도 기품은 저절로 풍겨난다. 선비가 한때 곤궁하고 실의에 빠져 적막함을 당하였다 해서 어찌 스스로 포기하고 해이해질 수 있겠는가.

閑中에 不放過하면 忙處에 有受用하고
한중   불방과   망처   유수용

靜中에 不落空하면 動處에 有受用하며
정중   불락공   동처   유수용

暗中에 不欺隱하면 明處에 有受用이라.
암중   불기은   명처   유수용

한가할 때에 헛되이 시간을 보내지 않으면 바쁠 때에 쓸모가 있고 고요할 때에 마음을 산만하게 하지 않으면 활동할 때에 쓸모가 있으며 암울할 때에 속이고 감추는 일이 없으면 밝을 때에 쓸모가 있다.

念頭起處에 纔覺向欲路上去면
염두기처   재각향욕로상거

便挽從理路上來하라.
변만종리로상래

一起便覺하고 一覺便轉이니 此是轉禍爲福하고
일기변각   일각변전   차시전화위복

起死回生的關頭니 切莫輕易放過하라.
기사회생적관두   절막경이방과

한 순간의 생각이 사욕의 길로 나아감을 깨닫게 되면 곧 도리에 맞는 길로 나가게 하라. 생각이 일어나면 곧 깨닫고 깨달은 즉시 방향을 돌리는 것 이것이 바로 불행을 행복으로 만들고 죽음에서 삶으로 돌아오게 하는 중요한 계기가 되니 진실로 가볍게 지나쳐서는 안 된다.

靜中에 念慮가 澄徹하면 見心之眞體하고
정 중   염 려   징 철   견 심 지 진 체
閑中에 氣象이 從容하면 識心之眞機하며
한 중   기 상   종 용   식 심 지 진 기
淡中에 意趣가 沖夷하면 得心之眞味하니
담 중   의 취   충 이   득 심 지 진 미
觀心證道는 無如此三者라.
관 심 증 도   무 여 차 삼 자

고요한 가운데 생각이 맑고 철저하면 마음의 참모습을 볼 수 있고 한가한 가운데 기상이 조용하면 마음의 참 기틀을 알게 될 것이며 담박함 속에서 취미가 깨끗하고 안정되면 마음의 참 맛을 얻을 수 있으니 마음을 성찰하고 도를 체험하는 데는 이 세 가지만한 것이 없다.

靜中靜은 非眞靜이니 動處에 靜得來라야
정중정 비진정   동처 정득래

纔是性天之眞境이요
재시성천지진경

樂處樂은 非眞樂이니 苦中에 樂得來라야
낙처락 비진락   고중 낙득래

纔見心體之眞機니라.
재견심체지진기

고요한 가운데 고요함은 참다운 고요함이 아니라 움직이는 가운데 고요함을 얻을 수 있어야 마음의 참다운 경지에 이를 수가 있다. 즐거움 가운데 즐거움을 느끼는 것은 참다운 즐거움이 아니라 괴로움 가운데 즐거운 마음을 얻을 수 있어야 마음의 참된 기미를 볼 수 있다.

舍己어든 毋處其疑하라.
사기   무처기의

處其疑하면 卽所舍之志에 多愧矣리라.
처기의   즉소사지지   다괴의

施人커든 毋責其報하라.
시인   무책기보

責其報하면 幷所施之心이 俱非矣니라.
책기보   병소시지심   구비의

자기를 희생하여 일하기로 했다면 거기에 의구심을 갖지 말라. 의심하게 되면 곧 자신의 결심에 부끄러움을 느낄 것이다. 남에게 베풀었다면 그 보답을 바라지 말라. 보답을 바란다면 베풀었던 마음까지 비난받게 될 것이다.

天이 薄我以福이어든 吾는 厚吾德以迓之하고
천　박아이복　　　　오　　후오덕이아지

天이 勞我以形이어든 吾는 逸吾心以補之하며
천　노아이형　　　　오　　일오심이보지

天이 阨我以遇어든 吾는 亨吾道以通之하면
천　액아이우　　　　오　　형오도이통지

天且我에 奈何哉리오?
천차아　　내하재

하늘이 나에게 복을 적게 준다면 나의 덕을 두텁게 하여 이를 맞이하고 하늘이 내 몸을 수고롭게 한다면 나의 마음을 편하게 하여 이를 보충하며 하늘이 내 처지를 곤궁하게 한다면 나의 도를 형통케 하여 그 길을 열 것이니 하늘인들 나를 어떻게 하겠는가.

貞士는 無心徼福이라
정사   무심요복

天卽就無心處하여
천즉취무심처

牖其衷하고 憸人은 著意避禍라
유기충   섬인   착의피화

天卽就著意中하여 奪其魄하니
천즉취착의중   탈기백

可見天之機權이 最神이라
가견천지기권   최신

人之智巧가 何益이리오.
인지지교   하익

뜻이 곧은 선비는 애써 복을 구하지 않아도 하늘이 구하지 않는 데를 찾아가서 그 마음을 열어 복을 내려주고 간사한 사람은 재앙을 피하려고 애쓰지만 하늘이 애쓰는 데를 찾아가서 그 넋을 빼앗아 버리니 가히 하늘의 기틀과 권세가 얼마나 놀라운지 보라. 인간의 지혜와 기교가 무슨 소용이 있겠는가.

聲妓도 晚景從良하면 一世之胭花無碍하고
성기   만경종량   일세지연화무애
貞婦도 白頭失守하면 半生之淸苦俱非라.
정부   백두실수   반생지청고구비
語云하되 看人에는 只看後半截하라 하니
어운   간인   지간후반절
眞名言也로다.
진명언야

기녀일지라도 늘그막에 지아비를 따른다면 지난날의 허물은 문제될 것이 없고 정숙한 열녀라도 늘그막에 정조를 잃는다면 반평생의 수절이 모두 허사가 된다. 옛말에 이르기를 "사람을 보려면 그 생의 후반을 보라"고 했으니 참으로 명언이다.

平民도 肯種德施惠하면 便是無位的公相이요
평민   긍종덕시혜   변시무위적공상
士夫도 徒貪權市寵하면 竟成有爵的乞人이라.
사부   도탐권시총   경성유작적걸인

평범한 백성이라도 기꺼이 덕을 쌓고 은혜를 베풀면 벼슬 없는 재상이 되고 사대부라도 한낱 권세를 탐닉하고 은총을 판다면 결국 벼슬 있는 걸인이 되는 것이다.

問祖宗之德澤하면 吾身所享者가 是니
문 조 종 지 덕 택   오 신 소 향 자   시

當念其積累之難하고
당 념 기 적 루 지 난

問子孫之福祉하면 吾身所貽者가 是니
문 자 손 지 복 지   오 신 소 이 자   시

要思其傾覆之易니라.
요 사 기 경 복 지 이

조상이 남겨 준 은덕이 무엇인가 묻는다면 지금 내 몸이 누리는 모든 것이니 마땅히 그 쌓아 올리기 어려웠음을 생각해야 하고 자손에게 줄 복이 무엇인가 묻는다면 지금 내 몸이 남에게 끼치는 바가 그것이니 마땅히 그 기울어지고 엎어지기 쉬움을 생각해야 한다.

君子而詐善은 無異小人之肆惡이요
군 자 이 사 선   무 이 소 인 지 사 악

君子而改節은 不及小人之自新이라.
군 자 이 개 절   불 급 소 인 지 자 신

군자가 선함을 가장하여 남을 속이면 소인이 악을 거침없이 행하는 것과 같고 군자가 편익에 따라 절개를 바꾸는 것은 소인이 스스로 새로워지려 노력하는 정도에도 미치지 못한 것이다.

家人有過이어든 不宜暴怒하고 不宜輕棄라.
가인유과　　　불의폭노　　　불의경기

此事難言이어든 借他事隱諷之하되
차사난언　　　차타사은풍지

今日不悟어든 俟來日再警之하고
금일불오　　　사래일재경지

如春風解凍하며 如和氣消氷하면
여춘풍해동　　　여화기소빙

纔是家庭的型範이라.
재시가정적형범

집안사람에게 잘못이 있으면 크게 화내지도 가볍게 보아 넘기지도 말라. 그 일로 말하기가 곤란하다면 다른 일을 빌어 비유로 깨닫게 하고 오늘 깨닫지 못하면 내일을 기다려 다시 훈계하되 마치 봄바람이 언 땅을 녹이고 온기가 얼음장을 녹이듯 할 것이니 바로 이것이 가정을 다스리는 모범이다.

此心이 常看得圓滿하면
차 심   상간득원만

天下에 自無缺陷之世界요
천 하   자무결함지세계

此心이 常放得寬平하면
차 심   상방득관평

天下에 自無險側之人情이라.
천 하   자무험측지인정

내 마음을 살펴 항상 원만함을 얻을 수 있다면 세상은 저절로 결함이 없는 세계가 될 것이고 내 마음을 언제나 너그럽고 평화롭게 놓아둘 수 있다면 세상은 저절로 험악하고 치우친 인정이 사라질 것이다.

澹泊之士는 必爲濃艶者所疑요
담박지사   필위농염자소의

檢飭之人은 多爲放肆者所忌니
검칙지인   다위방사자소기

君子處此에 固不可少變其操履하고
군자처차   고불가소변기조리

亦不可太露其鋒芒이라.
역불가태로기봉망

성품이 맑고 소박한 선비는 반드시 지나치게 화려한 자의 의심을 받고 조심성 있고 엄격한 사람은 자주 방종한 자의 미움을 받을 때가 많으니 군자는 처지가 이와 같아도 일말의 지조와 행실이 변함없어야 하고 또 그 날카로움을 지나치게 드러내서도 안 된다.

居逆境中이면 周身이 皆鍼砭藥石이라
거역경중   주신   개침폄약석

砥節礪行而不覺하고
지절려행이불각

處順境内면 眼前이 盡兵刃戈矛라
처순경내   안전   진병인과모

銷膏磨骨而不知니라.
소고마골이부지

역경에 처해 있을 때는 몸 주위가 모두 침과 약이어서 자연히 절개와 행실을 닦게 되고 모든 일이 순조로울 때는 눈앞이 모두 칼과 창이어서 고혈이 녹고 뼈가 깎여도 깨닫지 못한다.

生長富貴叢中的은 嗜欲이 如猛火하고
생 장 부 귀 총 중 적   기 욕   여 맹 화

權勢가 似烈焰하니
권 세   사 열 염

若不帶些淸冷氣味하면 其火焰이
약 부 대 사 청 냉 기 미   기 화 염

不至焚人이나 必將自爍矣리라.
부 지 분 인   필 장 자 삭 의

부귀한 환경에서 성장한 사람은 욕심이 사나운 불길 같고 권세도 세찬 불꽃과 같아서 만약 조금이라도 맑고 서늘한 기운을 지니지 않는다면 그 불꽃이 남을 태우는 데 이르지 않더라도 반드시 자신을 태워 버리게 될 것이다.

人心一眞하면 便霜可飛하고
인 심 일 진   변 상 가 비

城可隕하며 金石可貫이나
성 가 운   금 석 가 관

若僞妄之人은 形骸徒具나 眞宰已亡이라.
약 위 망 지 인   형 해 도 구   진 재 이 망

對人하면 則面目이 可憎하고
대 인   즉 면 목   가 증

獨居하면 則形影自媿니라.
독 거   즉 형 영 자 괴

사람의 마음이 한결같이 진실되면 곧 서리도 내릴 수 있고 성곽을 무너뜨릴 수 있으며 쇠와 돌도 뚫을 수가 있지만 거짓된 사람은 사람의 모습을 갖추었을 뿐 참 모습은 이미 사라져 버렸으니 사람을 대하면 그 얼굴이 가증스럽고 혼자 있을 때는 제 모습과 그림자를 내놓기 부끄러워진다.

文章이 做到極處하면 無有他奇요
문 장   주 도 극 처   무 유 타 기
只是恰好며 人品이 做到極處하면
지 시 흡 호 인 품   주 도 극 처
無有他異요 只是本然이라.
무 유 타 이   지 시 본 연

문장이 지극한 경지에 다다르면 별다른 기이한 것 없이 알맞으며 인품이 지극한 경지에 다다르면 별다른 뛰어난 것 없이 본연 그대로일 뿐이다.

以幻迹言하면 無論功名富貴하고
이환적언   무론공명부귀

卽肢體도 亦屬委形이요
즉지체   역속위형

以眞境言하면 無論父母兄弟하고
이진경언   무론부모형제

卽萬物이 皆吾一體니 人能看得破하고
즉만물 개오일체 인능간득파

認得眞하면 纔可任天下之負擔하고
인득진   재가임천하지부담

亦可脫世間之韁鎖니라.
역가탈세간지강쇄

환상적인 자취를 근본삼아 세상을 본다면 부귀공명은 물론 내 육신까지도 잠시 빌린 것에 불과하고 참다운 경지를 가지고 세상을 본다면 부모형제는 물론 세상 만물이 나와 한 몸이 아닌 것이 없으니 사람이 능히 이런 실상을 간파하고 진정한 이치를 인식할 수 있다면 비로소 천하의 짐을 맡아 이끌 수 있으며 또한 세상의 속박에서 벗어날 수 있다.

爽口之味는 皆爛腸腐骨之藥이니
상구지미　　개란장부골지약

五分이면 便無殃이요 快心之事는
오분　　　변무앙　　　쾌심지사

悉敗身喪德之媒니 五分이면 便無悔니라.
실패신상덕지매　　오분　　　변무회

입을 즐겁게 하는 음식은 모두 장을 상하게 하고 뼈를 썩게 하는 독약과 같으니 절반쯤 먹는 것이 편안하고 재앙이 없으며 마음을 즐겁게 하는 쾌락은 모두 몸을 망치고 덕을 잃게 하는 매개물이니 절반쯤 즐김이 편안하고 후회가 없는 법이다.

不責人小過하고 不發人陰私하며
불책인소과　　　불발인음사

不念人舊惡하라.
불념인구악

三者는 可以養德하고 亦可以遠害니라.
삼자　　가이양덕　　　역가이원해

남의 작은 허물을 꾸짖지 말고 남의 비밀을 들추어내지 말며 남의 지난날의 잘못을 마음에 두지 말라. 이 세 가지는 가히 덕을 기르고 또한 재앙을 멀리할 수 있다.

士君子는 持身을 不可輕이니
사군자 지신 불가경

輕則物能撓我하여 而無悠閑鎭定之趣요
경즉물능요아 이무유한진정지취

用意를 不可重이니 重則我爲物泥하여
용의 불가중 중즉아위물니

而無蕭灑活潑之機라.
이무소쇄활발지기

선비와 군자는 몸가짐을 가볍게 해서는 안 되니 가볍게 하면 곧 사물에 마음을 주게 되어 한가롭고 침착하게 안정된 정취가 사라지고 마음가짐을 무겁게 해서는 안 되는 것이니 무겁게 하면 곧 내가 사물에 얽매이게 되어 시원하고 활달한 기상을 잃게 된다.

天地는 有萬古나 此身은 不再得이요
천지 유만고 차신 부재득

人生은 只百年이나 此日이 最易過라.
인생 지백년 차일 최이과

幸生其間者는 不可不知有生之樂하고
행생기간자 불가부지유생지락

亦不可不懷虛生之憂라.
역불가불회허생지우

하늘과 땅은 변함이 없이 영원하지만 내 몸은 두 번 다시 태어날 수 없고 인생은 다만 백년에 불과하지만 오늘이 가장 지나가기 쉽다. 다행히 그 사이에 태어난 사람은 삶의 즐거움을 몰라서도 안 되고 또한 헛된 삶에 대한 근심을 품지 않아서도 안 된다.

怨因德彰이라 故로 使人德我로는
원인덕창   고   사인덕아

不若德怨之兩忘이요
불약덕원지양망

仇因恩立이라 故로 使人知恩으로
구인은립   고   사인지은

不若恩仇之俱泯이라.
불약은구지구민

원망은 은덕으로 인해 드러나는 법이니 사람들로 하여금 내게 덕이 있다고 느끼게 하기보다는 은덕과 원망을 모두 잊게 하는 것이 나으며 원수는 은혜로 인해 생겨나니 사람들로 하여금 나의 은혜를 알게 하기보다는 은혜와 원수를 모두 없애는 것이 낫다.

老來疾病은 都是壯時招的이요
노래질병　　도시장시초적

衰後罪孼은 都是盛時作的이라.
쇠후죄얼　　도시성시작적

故로 持盈履滿을 君子尤兢兢焉이라.
고　지영리만　　군자우긍긍언

늙어서 생기는 질병은 모두 젊어서 불러들인 것이며 쇠퇴한 후의 재앙은 모두 흥성할 때에 만들어진 것들이니 그러므로 군자는 부귀를 누리고 있을 때에 더욱 삼가고 조심해야 한다.

市私恩은 不如扶公議요
시사은　　불여부공의

結新知는 不如敦舊好며
결신지　　불여돈구호

立榮名은 不如種隱德이요
입영명　　불여종은덕

尙奇節은 不如謹庸行이라.
상기절　　불여근용행

사사로이 은혜를 베푸는 것은 공의를 위하는 것만 못하고 새로운 친구를 사귀는 것은 옛 친구와의 우정을 두텁게 하는 것만 못하며 명성을 세우는 것은 숨은 공덕을 베푸는 것만 못하고 특이한 절기를 숭상하는 것은 평소의 행실을 삼가는 것만 못하다.

公平正論은 不可犯手니 一犯하면
공 평 정 론   불 가 범 수   일 범
則貽羞萬世하고 權門私竇는 不可著脚이니
즉 이 수 만 세   권 문 사 두   불 가 착 각
一著하면 則點汚終身이라.
일 착   즉 점 오 종 신

공평한 정론에는 반대하지 말아야 하니 한 번 침범하면 수치를 만대에 남기게 되고 권력과 사리사욕에 발을 들여놓지 말아야 하니 한 번 발을 들여놓으면 평생토록 더러운 낙인이 찍히게 된다.

曲意而使人喜는 不若直躬而使人忌하고
곡 의 이 사 인 희   불 약 직 궁 이 사 인 기
無善而致人譽는 不若無惡而致人毀니라.
무 선 이 치 인 예   불 약 무 악 이 치 인 훼

뜻을 굽혀 사람들의 환심을 얻기보다는 자신을 곧게 지켜 사람들의 미움을 받는 게 낫고 선행 없이 남의 칭찬 받기보다는 나쁜 일을 하지 않고도 사람들의 비방을 받는 게 낫다.

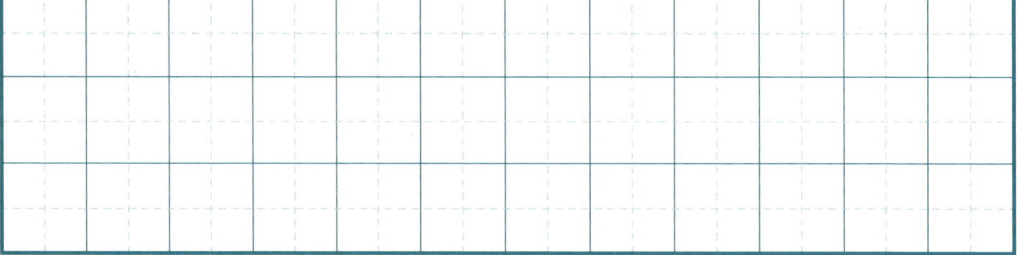

부모형제에 변이 생기면 마땅히 침착하게 행동해야 하고 친구의 잘못을 보면 간절히 충고해야 마땅하니 망설이고 주저함은 옳지 않다.

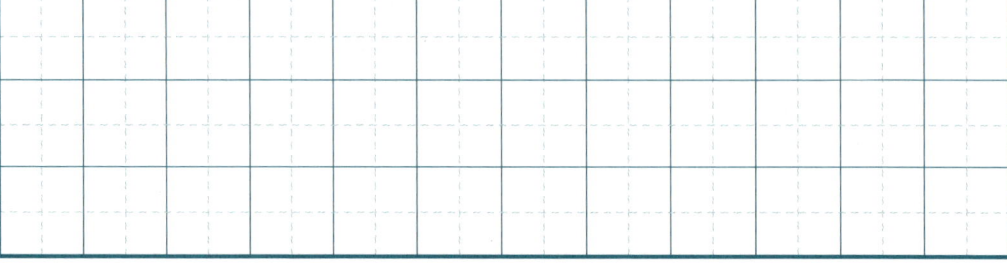

작은 일에도 물샐 틈이 없고 어둠 속에서도 속이거나 숨기지 않으며 실패한 경우에도 포기하지 않는다면 이런 사람이 진정한 영웅이다.

千金도 難結一時之歡이요
천금 난결일시지환
一飯도 竟致終身之感이니
일반 경치종신지감
蓋愛重反爲仇요 薄極翻成喜也라.
개애중반위구 박극번성희야

천금으로도 한 때의 환심을 사기가 어렵고 한 끼의 밥으로도 평생의 은혜를 만든다. 대체로 사랑이 지나치면 오히려 원한을 사게 되고 각박함이 지극하면 오히려 성공의 기쁨을 누리게 한다.

藏巧於拙하고 用晦而明하며 寓淸于濁하고
장교어졸 용회이명 우청우탁
以屈爲伸하면 眞涉世之一壺요
이굴위신 진섭세지일호
藏身之三窟也라.
장신지삼굴야

뛰어난 재주는 서툰 솜씨에 감추고 어둠을 이용하여 지혜의 밝음을 조심히 드러내며 청렴은 오히려 혼탁함에 의지하고 굽힘으로써 몸을 펴는 바탕으로 삼는 것이야말로 험난한 세상을 모면하게 하는 구급책이 되고 몸을 보호하는 안전한 은신처가 된다.

衰颯的景象은 就在盛滿中하고
쇠삽적경상 취재성만중
發生的機緘은 卽在零落內라.
발생적기함 즉재령락내
故로 君子는 居安에는 宜操一心以慮患하고
고 군자 거안 의조일심이려환
處變에는 當堅百忍以圖成이라.
처변 당견백인이도성

쇠퇴해 가는 모습은 곧 흥성함 속에 있고 생동하는 움직임은 시드는 가운데 존재하는 법이다. 그러므로 군자는 편안할 때에 마음을 한결같이 바르게 지켜 후환을 없게 하고 변고를 당했을 때는 마땅히 백 번을 참고 견디어 성공을 도모해야 한다.

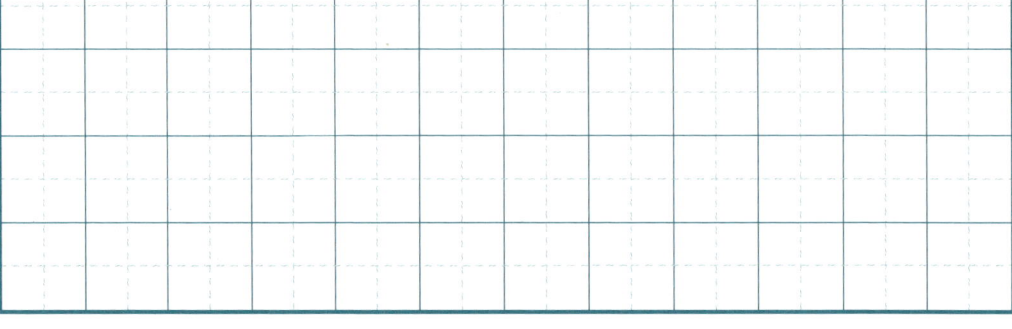

驚奇喜異者는 無遠大之識하고
경기희이자 무원대지식
苦節獨行者는 非恒久之操니라.
고절독행자 비항구지조

신기한 것을 보며 놀라워하고 이상한 것을 즐기는 사람에게는 원대한 식견이 없고 괴롭게 절개를 지키며 홀로 살아가는 사람은 영원한 지조를 지킬 수 없다.

當怒火慾水가 正騰沸處하여 明明知得하고
당노화욕수   정등비처   명명지득

又明明犯著하니 知的是誰며 犯的又是誰오.
우명명범착   지적시수   범적우시수

此處에 能猛然轉念하면 邪魔便爲眞君矣니라.
차처   능맹연전념   사마변위진군의

분노의 불길과 욕망의 물결이 끓어오르는 순간에는 누구라도 이를 알 수 있으며 또 알고 있음에도 불구하고 집착의 실수를 범하니 아는 것은 누구이며 과오를 범하는 것은 또 누구인가? 이러한 때에 대담하게 생각을 돌릴 수 있다면 간사한 악마라도 문득 변하여 참된 주인을 따르게 된다.

毋偏信而爲奸所欺하고 毋自任而爲氣所使하며
무편신이위간소기   무자임이위기소사

毋以己之長而形人之短하고
무이기지장이형인지단

毋因己之拙而忌人之能하라.
무인기지졸이기인지능

한쪽 말만 믿고서 간사한 사람에게 속지 말며 자기 힘만 과신하여 객기를 부리지 말며 자신의 장점을 드러내려고 남의 단점을 드러내지 말며 자신이 못한다고 남의 유능함을 시기하지 말라.

人之短處는 要曲爲彌縫이니
인 지 단 처   요 곡 위 미 봉

如暴而揚之하면 是는 以短攻短이요
여 폭 이 양 지   시   이 단 공 단

人有頑的이면 要善爲化誨니
인 유 완 적   요 선 위 화 회

如忿而疾之면 是는 以頑濟頑이라.
여 분 이 질 지   시   이 완 제 완

남의 단점은 모름지기 덮어 주어야 하니 만약 이것을 들추어 다른 사람들에게 알린다면 이는 자기의 단점으로 남의 단점을 공격하는 것에 불과하고 남에게 완고함이 있다면 모름지기 타일러서 일깨워 줘야 하니 만약 화를 내고 그를 미워한다면 이는 완고함으로 완고함을 구제하려는 것에 불과하다.

遇沈沈不語之士어든 且莫輸心하고
우 침 침 불 어 지 사   차 막 수 심
見悻悻自好之人이어든 應須防口하라.
견 행 행 자 호 지 인   응 수 방 구

음침하게 말이 없는 사람을 만나면 나 또한 본심을 털어놓지 말고 화를 잘 내며 잘난 체하는 사람을 만나면 마땅히 입을 다물어라.

念頭昏散處에는 要知提醒하고
염 두 혼 산 처   요 지 제 성
念頭喫緊時에는 要知放下라.
염 두 끽 긴 시   요 지 방 하
不然이면 恐去昏昏之病이라도
불 연   공 거 혼 혼 지 병
又來憧憧之擾矣라.
우 래 동 동 지 요 의

마음이 어둡고 어지러울 때는 가다듬을 줄 알아야 하고 마음이 긴장되어 굳어졌을 때는 풀어 버릴 줄도 알아야 한다. 그렇지 않으면 어두운 마음을 가다듬어 놓더라도 또다시 조바심으로 흔들리는 괴로움이 찾아온다.

霽日靑天도 倏變爲迅雷震電하고
제일청천   숙변위신뢰진전

疾風怒雨도 倏變爲朗月晴空하니
질풍노우   숙변위랑월청공

氣機何常이리오 一毫凝滯니 太虛何常이리오
기기하상   일호응체   태허하상

一毫障塞이라. 人心之體도 亦當如是라.
일호장색   인심지체   역당여시

비 개인 날 맑은 하늘도 갑자기 천둥 번개로 변하고 거센 비바람도 밝은 달 맑은 하늘로 변하니 천지의 움직임이 어찌 한결같겠는가. 털끝만 한 엉킴과 막힘으로 변화가 생기는 것이니 하늘이 어찌 한결같겠는가. 털끝만 한 장애와 옹색에 부딪쳐도 사람의 마음 바탕 또한 당연히 이와 같은 것이다.

勝私制欲之功은 有曰 識不早면 力不易者하고
승사제욕지공   유왈 식부조   역불이자

有曰 識得破라도 忍不過者러니
유왈 식득파   인불과자

蓋識은 是一顆照魔的明珠요
개식   시일과조마적명주

力은 是一把斬魔的慧劍이니 兩不可少也라.
역   시일파참마적혜검   양불가소야

사사로운 정을 이겨내고 욕심을 억제하는 일에 대해 어떤 이는 "빨리 깨닫지 않으면 억제가 어렵다"고 하고 어떤 이는 "깨달았다 하더라도 참는 인내심이 모자란다"고 하니 대개 안다는 것은 악마의 정체를 밝히는 한 알의 밝은 구슬이고 인내력은 악마를 베는 지혜의 칼이니 이 두 가지가 모두 없어서는 안 되는 것이다.

覺人之詐라도 不形於言하고 受人之侮라도
각인지사   불형어언   수인지모
不動於色하면 此中에 有無窮意味하며
부동어색   차중   유무궁의미
亦有無窮受用이라.
역유무궁수용

남이 속이는 줄 알면서도 말하지 않고 남에게 모욕을 당해도 낯빛이 변하지 않는다면 그 속에 무한한 의미와 효용이 있다.

橫逆困窮은 是煅煉豪傑的一副鑪錘니
횡역곤궁   시단련호걸적일부로추

能受其煅煉하면 則心身交益하고
능수기단련   즉심신교익

不受其煅煉하면 則心身交損이라.
불수기단련   즉심신교손

역경에 처하고 곤궁에 몰리는 것은 호걸을 단련시키는 하나의 용광로와 망치이니 능히 그 단련을 받아들이면 심신이 모두 이롭고 그 단련을 이겨 내지 못하면 심신에 해롭다.

吾身은 一小天地也라 使喜怒不愆하고
오신   일소천지야   사희노불건

好惡有則이면 便是燮理的功夫요
호오유칙   변시섭리적공부

天地는 一大父母也라 使民無怨咨하고
천지   일대부모야   사민무원자

物無氛疹이면 亦是敦睦的氣象이라.
물무분진   역시돈목적기상

내 몸은 하나의 작은 천지라 기뻐함과 성냄에 허물을 저지르지 않게 하고 좋아하고 미워함을 법도가 있게 한다면 곧 천지의 섭리에 따르는 공부가 되고 천지는 하나의 위대한 어버이라 백성들로 하여금 원망이 없게 하고 사물에 근심이 없게 하면 이 또한 화목을 돈독하게 하는 기상이 된다.

害人之心은 不可有요 防人之心은
해인지심   불가유   방인지심

不可無라 하니 此는 戒疎於慮也라.
불가무   차   계소어려야

寧受人之欺언정 毋逆人之詐라 하니
영수인지기   무역인지사

此는 警傷於察也라.
차   경상어찰야

二語竝存하면 精明而渾厚矣라.
이어병존   정명이혼후의

남을 해치려는 마음을 가져서도 안 되지만 남의 침해를 방어하려는 마음이 없어서도 안 된다는 것은 생각이 소홀해짐을 경계하는 말이다. 차라리 남에게 속을지언정 남이 속일 것을 미리 추측하지 말라고 한 것은 지나치게 살펴 덕을 해칠까 경계하는 것이다. 이 두 가지 말을 아울러 간직한다면 생각이 밝아지고 덕이 두터워질 것이다.

母因群疑而阻獨見하고
무 인 군 의 이 조 독 견
母任己意而廢人言하며
무 임 기 의 이 폐 인 언
母私小惠而傷大體하고
무 사 소 혜 이 상 대 체
母借公論而快私情하라.
무 차 공 론 이 쾌 사 정

많은 사람이 의심한다고 해서 자신의 견해를 굽히지 말고 자기 의견만 고집하여 남의 말을 물리치지 말며 작은 은혜에 사사로이 얽매여 큰일을 손상시키지 말고 공론을 빌어 사사로운 일을 해결하지 말라.

善人을 未能急親이어든 不宜預揚이니
선 인 미 능 급 친 불 의 예 양
恐來讒讚之奸이요
공 래 참 찬 지 간
惡人을 未能輕去어든 不宜先發이니
악 인 미 능 경 거 불 의 선 발
恐招媒蘗之禍니라.
공 초 매 얼 지 화

착한 사람과 빨리 친해질 수 없다면 미리 칭찬해서는 안 되는 것이니 간악한 사람들의 참소와 비방이 도래할까 두려워함이며 나쁜 사람이라도 쉽사리 멀리할 수 없다면 미리 발설치 말 것이니 뜻밖의 재앙을 부를까 두려워함이다.

青天白日的節義는
자암실옥루중배래
自暗室屋漏中培來하고
자암실옥루중배래
旋乾轉坤的經綸은
선건전곤적경륜
自臨深履薄處操出이라.
자림심리박처조출

청천백일 같은 절개와 도의도 어두운 방 한구석에서 길러진 것이며 천하를 휘두르는 뛰어난 경륜도 깊은 연못가에 서서 살얼음을 밟듯이 조심하는 데서 얻어진 것이다.

父慈子孝하고 兄友弟恭하여 終做到極處라도
부자자효   형우제공   종주도극처
俱是合當如此니 著不得一毫도 感激的念頭라.
구시합당여차 착부득일호   감격적염두
如施者任德하고 受者懷恩하면
여시자임덕   수자회은
便是路人이니 便成市道矣니라.
변시로인   변성시도의

부모가 자식을 사랑하고 자식이 부모에 효도하며 형제간에 아끼고 공경하는 마음이 지극할지라도 그것은 당연한 도리일 뿐 감격할 일이 아니다. 만약 베푸는 이가 그것을 덕으로 자부하고 받는 이 또한 은혜로 여긴다면 그것은 곧 모르는 행인과의 관계와 같으니 문득 장사꾼의 관계처럼 박절해질 것이다.

有姸이면 必有醜하여 爲之對니
유연   필유추   위지대
我不誇姸이면 誰能醜我리오.
아불과연   수능추아
有潔이면 必有汚하여 爲之仇니
유결   필유오   위지구
我不好潔이면 誰能汚我리오.
아불호결   수능오아

아름다움이 있으면 반드시 추함이 있어 대비가 되니 내가 아름다움을 자랑하지 않으면 누가 나를 추하다 하겠는가. 깨끗함이 있으면 반드시 더러움이 있어 대비가 되니 내가 깨끗함을 좋아하지 않으면 누가 나를 더럽다 하겠는가.

炎凉之態는 富貴가 更甚於貧賤하고
염량지태　부귀　갱심어빈천

妬忌之心은 骨肉이 尤狠於外人이니
투기지심　골육　우한어외인

此處에 若不當以冷腸하며 御以平氣하면
차처　약부당이냉장　어이평기

鮮不日坐煩惱障中矣라.
선불일좌번뇌장중의

뜨겁다가도 얼음처럼 차가워지는 변덕스러움은 부귀한 사람이 가난한 사람보다 더 심하며 시기하고 질투하는 마음은 육친이 이웃보다 더 심하니 그 가운데 냉철한 마음으로 대하지 않고 평온한 기운으로 억제하지 않는다면 하루도 번뇌 속에 있지 않는 때가 드물 것이다.

功過는 不容少混이니 混則人懷惰墮之心하고
공과 불용소혼   혼즉인회타타지심
恩仇는 不可太明이니 明則人起携貳之志니라.
은구 불가태명   명즉인기휴이지지

공로와 허물은 절대로 혼동하지 말 것이니 만약 혼동하게 되면 사람들은 게으른 마음을 품게 되며 은혜와 원수는 지나치게 밝히지 말 것이니 만약 밝히게 되면 사람들이 두 마음을 품게 된다.

爵位는 不宜太盛이니 太盛則危하고
작위 불의태성   태성즉위
能事는 不宜盡畢이니 盡畢則衰하며
능사 불의진필   진필즉쇠
行誼는 不宜過高니 過高則謗興而毀來니라.
행의 불의과고   과고즉방흥이훼래

벼슬은 지나치게 높지 말아야 하니 지나치게 높으면 위태로우며 능숙한 일이라도 힘을 다 쓰지 말아야 하니 다 쓰게 되면 곧 쇠락이 오며 행실은 지나치게 고상해서는 안 되니 지나치게 고상하면 비방과 헐뜯음이 닥치게 된다.

惡忌陰하고 善忌陽이라.
악기음   선기양
故로 惡之顯者는 禍淺하고 而隱者는 禍深하며
고 악지현자   화천   이은자   화심
善之顯者는 功小하고 而隱者는 功大니라.
선지현자   공소   이은자   공대

악은 그늘에 가려지는 것을 꺼리고 선은 겉으로 드러나기를 꺼린다. 그러므로 드러난 악은 재앙이 적고 숨어 있는 악은 재앙이 깊으며 드러난 선은 공이 적고 숨어 있는 선은 그 공이 큰 법이다.

德者는 才之主요 才者는 德之奴니
덕자   재지주   재자   덕지노
有才無德은 如家無主而奴用事矣니
유재무덕   여가무주이노용사의
幾何不魍魎而猖狂이리오.
기하불망량이창광

덕은 재능의 주인이고 재능은 덕의 종이니 재능이 있어도 덕이 없으면 마치 주인 없이 종이 제멋대로 처리함과 같으니 어찌 도깨비가 날뛰지 않겠는가.

鋤奸杜倖에는 要放他一條去路라.
서간두행　　요방타일조거로

若使之一無所容이면
약사지일무소용

譬如塞鼠穴者하여
비여색서혈자

一切去路都塞盡하면
일체거로도색진

則一切好物俱咬破矣라.
즉일체호물구교파의

간악한 무리를 물리치고 아첨하는 무리를 막으려면 한 가닥 달아날 길을 열어 줘야 한다. 만일 그들에게 몸 둘 곳이 없게 만든다면 쥐구멍을 틀어막는 것과 같아서 도망 갈 길이 모두 막혀 버리면 곧 귀중한 기물을 물어뜯어 못쓰게 할 것이다.

當與人同過나 不當與人同功이니
당여인동과　　부당여인동공

同功則相忌하고 可與人共患難이니
동공즉상기　　가여인공환난

不可與人共安樂이니 安樂則相仇니라.
불가여인공안락　　안락즉상구

마땅히 허물은 남과 같이할 수 있어도 공로는 함께 누리지 말 것이니 공로를 함께 누리면 곧 시기하게 되고 다른 사람과 어려움은 같이할 수 있어도 안락은 같이할 수 없는 것이니 안락을 같이하면 곧 원수처럼 맞서게 된다.

士君子로 貧不能濟物者는 遇人痴迷處에
사군자 빈불능제물자 우인치미처
出一言提醒之하고 遇人急難處에
출일언제성지 우인급난처
出一言解救之면 亦是無量功德이라.
출일언해구지 역시무량공덕

선비나 군자가 가난하여 물질적으로 사람을 도울 수 없더라도 어리석음으로 미혹에 빠지는 사람에게 한마디 말로 깨우쳐 주고 위급하고 곤란한 처지의 사람에게 한마디 말로 어려움을 해결할 수가 있다면 이 또한 무한한 공덕이 된다.

饑則附하고 飽則颺하며 燠則趨하고
기즉부　　포즉양　　　　욱즉추
寒則棄는 人情通患也라.
한즉기　인정통환야

굶주리면 달라붙고 배부르면 떠나가며 따뜻하면 몰려들고 추우면 버리는 것은 인정의 공통된 병폐이다.

君子는 宜淨拭冷眼이요
군자　 의정식냉안
愼勿輕動剛腸이라.
신물경동강장

군자는 마땅히 냉철한 안목을 깨끗이 닦아야 하며 삼가 굳은 신념을 가볍게 움직여선 안 된다.

德隨量進하고 量由識長이라.
덕수량진　　 양유식장
故로 欲厚其德이면 不可不弘其量이요
고　 욕후기덕　　불가불홍기량
欲弘其量이면 不可不大其識이라.
욕홍기량　　 불가불대기식

덕은 도량을 따라서 발전하고 도량은 식견으로 말미암아 성장한다. 그러므로 그 덕을 두텁게 하려면 도량을 넓혀야 하고 도량을 넓히려면 그 식견을 크게 해야 한다.

一燈螢然에 萬籟無聲은
일등형연 만뢰무성

此吾人初入宴寂時也요
차오인초입연적시야

曉夢初醒에 群動未起는
효몽초성 군동미기

此吾人初出混沌處也라.
차오인초출혼돈처야

乘此而一念廻光하여 炯然返照하면
승차이일념회광 형연반조

始知耳目口鼻는 皆桎梏이요
시지이목구비 개질곡

而情欲嗜好는 悉機械矣리라.
이정욕기호 실기계의

등불이 반딧불처럼 희미하게 깜박거리고 삼라만상이 소리 없이 고요해지면 이는 우리가 비로소 편히 쉴 때며 새벽꿈에서 갓 깨어나고 모든 움직임이 일어나기 직전이면 이는 우리가 비로소 혼돈에서 깨어날 때다. 이때를 놓치지 않고 일념으로 빛을 돌려 스스로를 비춰 보면 비로소 이목구비가 모두 우리를 얽어매는 질곡이며 정욕과 기호가 모두 마음을 병들게 하는 도구임을 깨닫게 된다.

反己者는 觸事가 皆成藥石이요
반기자 촉사 개성약석
尤人者는 動念이 卽是戈矛라.
우인자 동념 즉시과모
一以闢衆善之路하고
일이벽중선지로
一以濬諸惡之源하니 相去霄壤矣라.
일이준제악지원 상거소양의

스스로 반성하는 사람은 닥치는 일마다 약이 되지만 남을 원망하는 사람은 생각하는 것마다 창과 칼이 된다. 하나는 모든 선의 길을 열고 또 하나는 모든 악의 근원을 이루니 서로의 거리는 하늘과 땅이다.

事業文章은 隨身銷毀하되 而精神은
사업문장 수신소훼 이정신
萬古如新하고 功名富貴는 逐世轉移하되
만고여신 공명부귀 축세전이
而氣絶은 千載一日하니
이기절 천재일일
君子는 信不當以彼易此也니라.
군자 신부당이피역차야

사업과 학문은 몸과 더불어 사라지지만 정신은 영원히 새로운 것이며 공명과 부귀는 세상을 따라 옮겨가지만 기개와 절조는 천년이 하루와 같으니 군자는 마땅히 저것으로 이것을 바꾸어서는 안 된다.

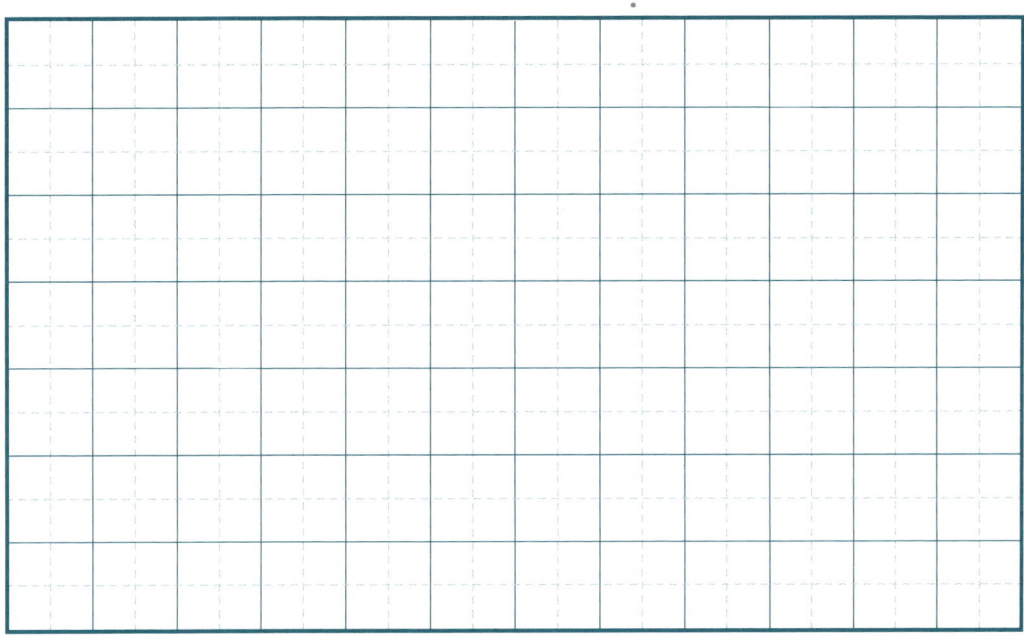

고기잡이 그물을 쳐 놓으니 기러기가 걸려들고 사마귀가 먹이를 노리니 참새가 그 뒤를 노린다. 계략 속에 계략이 숨겨져 있고 이변 밖에 또 이변이 생기나니 지혜와 계교를 어찌 믿을 수 있겠는가.

作人에 無點眞懇念頭면 便成個花子이니
작인　무점진간염두　　변성개화자

事事皆虛하고 涉世에 無段圓活機趣면
사사개허　　섭세　무단원활기취

便是個木人이니 處處有碍라.
변시개목인　　처처유애

사람이 되어 참다운 생각이 없다면 허수아비에 불과하니 일마다 헛될 것이고 세상을 살아감에 원만하고 활발한 기상이 없다면 이는 장승에 불과하니 가는 곳마다 장애와 부딪칠 것이다.

水不波則自定하고 鑑不翳則自明이라.
수불파즉자정　　감불예즉자명

故로 心無可淸이니 去其混之者면 而淸自現하고
고　심무가청　　거기혼지자　이청자현

樂不必尋이니 去其苦之者면 而樂自存이라.
낙불필심　　거기고지자　이락자존

물결이 일지 않으면 물은 절로 고요하고 흐려지지 않으면 거울은 스스로 맑다. 그러므로 마음도 흐린 것을 버리면 맑음이 절로 나타나고 애써 찾지 않아도 괴로움만 버리면 즐거움은 절로 있게 된다.

有一念而犯鬼神之禁하고
유 일 념 이 범 귀 신 지 금
一言而傷天地之和하며
일 언 이 상 천 지 지 화
一事而釀子孫之禍니 最宜切戒라.
일 사 이 양 자 손 지 화   최 의 절 계

한 가지 생각으로 하늘의 계율을 범할 수 있고 한 마디 말로 천지의 조화를 깨뜨릴 수 있으며 한 가지 일로 자손의 불행을 빚을 수 있으니 마땅한 방도는 처신을 간절히 경계해야 한다.

事有急之不白者로되 寬之或自明하니
사유급지불백자　　　　관지혹자명
母躁急以速其忿하고 人有操之不從者로되
무조급이속기분　　　　인유조지부종자
縱之或自化하니 母操切以益其頑하라.
종지혹자화　　　무조절이익기완

일은 급히 서둘러서 밝혀지지 않다가도 너그럽게 하면 혹 저절로 밝혀질 수가 있으니 조급하게 서둘러 분노를 초래하지 말라. 사람을 쓰는 일에 순종하지 않던 자를 가만히 놓아두면 혹 스스로 감화하여 따르는 수가 있으니 너무 엄하게 하여 그 완고함을 더하지 말라.

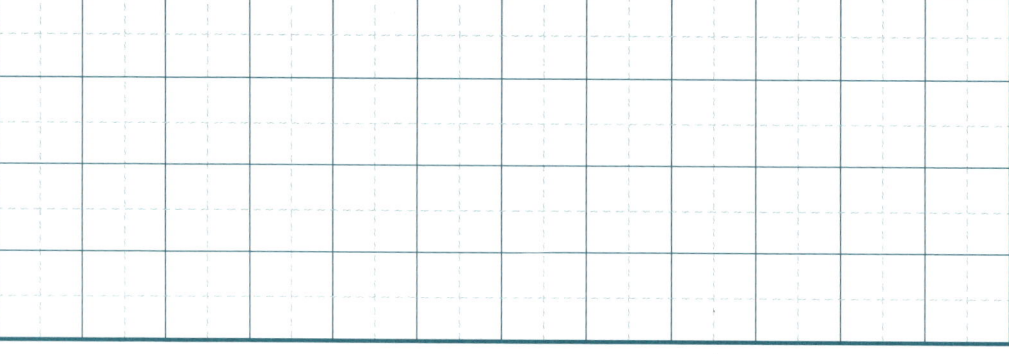

節義는 傲青雲하고 文章은 高白雪이라도
절의　오청운　　　문장　고백설
若不以德性으로 陶鎔之하면
약불이덕성　　　도용지
終爲血氣之私요 技能之末이라.
종위혈기지사　　기능지말

절의가 청운을 능가하고 문장이 백설보다 높을지라도 만약 덕성으로 단련된 것이 아니라면 마침내 혈기의 사사로운 행동이 되고 말단 잔재주나 부리게 된다.

謝事는 當謝於正盛之時하고
사사 당사어정성지시
居身은 宜居於獨後之地라.
거신 의거어독후지지

일에서 물러날 때는 마땅히 전성기에 물러나고 아울러 몸을 두려고 하면 홀로 뒤떨어진 자리에 두도록 하라.

謹德은 須謹於至微之事하고
근덕 수근어지미지사
施恩은 務施於不報之人하라.
시은 무시어불보지인

덕을 삼가서 실현하려면 모름지기 작은 일에 삼가 행하고 남에게 은혜를 베풀려면 보답하지 못할 사람에게 하라.

交市人은 不如友山翁하고
교시인 불여우산옹
謁朱門은 不如親白屋하며
알주문 불여친백옥
聽街談巷語는 不如聞樵歌牧詠하고
청가담항어 불여문초가목영
談今人失德過擧는 不如述古人嘉言懿行이라.
담금인실덕과거 불여술고인가언의행

시장 사람을 사귀는 것은 산골 노인을 벗함만 못하고 권세 있는 집안에 굽실거림은 초가의 집안과 친함만 못하며 거리에 떠도는 소문을 듣는 것은 나무꾼과 목동의 노래를 듣는 것만 못하고 요즈음 사람의 부덕한 행실과 허물을 말하는 것은 옛사람의 아름다운 언행을 이야기함만 못하다.

德者는 事業之基니
덕자 사업지기
未有基不固而棟宇堅久者니라.
미유기불고이동우견구자

덕은 모든 사업의 기초가 되니 기초가 튼튼하지 않고서 오래도록 튼튼했던 집은 없었다.

心者는 後裔之根이니
심자   후예지근
未有根不植而枝葉榮茂者니라.
미유근불식이지엽영무자

마음은 자손을 위한 뿌리이니 뿌리가 견실하게 심어져 있지 않으면서 가지와 잎이 무성한 경우는 이제까지 없었다.

前人이 云하되 抛却自家無盡藏하고
전인   운   포각자가무진장
沿門持鉢效貧兒라 하고
연문지발효빈아
又云하되 暴富貧兒休說夢하라!
우운   폭부빈아휴설몽
誰家竈裡火無烟고 하니 一箴自昧所有요
수가조리화무연   일잠자매소유
一箴自誇所有라 可爲學問切戒니라.
일잠자과소유   가위학문절계

옛사람이 이르되 자기 집의 무한한 재산은 내버려두고 남의 집 대문 앞에 동냥질을 한다고 하고 또 이르되 벼락부자가 된 가난뱅이의 꿈같은 얘기 말라 어느 집 부엌인들 불 때면 연기 없으랴 하였으니 하나는 스스로 가진 것에 대한 어두움을 깨우친 것이고 하나는 스스로 가진 것을 자랑함을 경계한 말이니 마땅히 학문을 닦는 간절한 훈계로 삼음이 옳다.

道는 是一種公衆物事니 當隨人而接引하고
도   시일종공중물사   당수인이접인
學은 是一個尋常家飯이니 當隨事而警惕하라.
학   시일개심상가반   당수사이경척

도는 공공의 것이니 마땅히 사람마다 이끌어 행하게 하고 배움은 매일 먹는 끼니와 같으니 마땅히 일마다 깨우쳐 삼가야 한다.

信人者는 人未必盡誠이나 己則獨誠矣요
신인자   인미필진성   기즉독성의
疑人者는 人未必皆詐나 己則先詐矣라.
의인자   인미필개사   기즉선사의

남을 믿는 사람은 남들이 모두 성실해서가 아니라 자기가 홀로 성실하기 때문이며 남을 의심하는 사람은 남들이 모두 속이기 때문이 아니라 자기가 먼저 속이기 때문이다.

念頭寬厚的은 如春風煦育하여 萬物이
염두관후적　　여춘풍후육　　　만물
遭之而生하고 念頭忌刻的은 如朔雪陰凝하여
조지이생　　　염두기각적　　여삭설음응
萬物이 遭之而死니라.
만물　　조지이사

생각이 너그럽고 두터운 사람은 봄바람이 만물을 따뜻하게 키움과 같이 모든 것이 그를 만나면 살아나고 마음이 각박하고 차가운 사람은 겨울 눈보라가 음산하여 모든 것을 얼게 함과 같이 만물이 이를 만나면 죽게 된다.

爲善에 不見其益은 如草裡東瓜하여
위선　불현기익　　여초리동과
自應暗長하고 爲惡에 不見其損은
자응암장　　　위악　불현기손
如庭前春雪하여 當必潛消니라.
여정전춘설　　　당필잠소

착한 일을 해도 이익이 보이지 않는 것은 마치 풀 속에 난 동아와 같아서 모르는 사이에 저절로 자라나고 악한 일을 하고도 손해가 보이지 않는 것은 마치 뜰 앞의 봄눈과 같아서 모르는 사이에 저절로 녹여 없앤다.

遇故舊之交어든 意氣要愈新하고
우고구지교　　　의기요유신

處隱微之事어든 心迹宜愈顯하며
처은미지사　　　심적의유현

待衰朽之人이어든 恩禮當愈隆이라.
대쇠후지인　　　　은례당유융

옛 친구를 만나면 의기를 더욱 새롭게 하고 은밀한 일을 당하게 되면 마음을 더욱 분명히 해야 하고 노쇠한 사람을 대할 때는 은혜와 예우를 더욱 융성하게 하라.

勤者는 敏於德義어늘 而世人은
근자　　민어덕의　　　이세인

借勤而濟其貧하고 儉者는 淡於貨利어늘
차근이제기빈　　　검자　　담어화리

而世人은 假儉以飾其吝하니 君子持身之符가
이세인　　가검이식기린　　　군자지신지부

反爲小人營私之具矣라 惜哉로다.
반위소인영사지구의　　　석재

근면함이란 덕과 의에 민첩한 것인데도 사람들은 근면을 빌어 자기의 가난을 구제하고 검소함이란 재물과 이익에 담박한 것인데도 사람들은 검소를 빌어 자기의 인색함을 꾸미니 군자가 몸을 지키는 신조가 소인배의 사리사욕을 도모하는 도구로 쓰이니 참으로 안타까운 일이다.

憑意興作爲者는 隨作則隨止하니
빙의흥작위자 수작즉수지
豈是不退之輪이며 從情識解悟者는
기시불퇴지륜 종정식해오자
有悟則有迷하니 終非常明之燈이라.
유오즉유미 종비상명지등

즉흥적인 생각으로 시작하는 일은 시작하자마자 멈추게 되니 어찌 물러남이 없는 수레바퀴일 수가 있으며 감정과 재치로 얻은 깨달음은 깨닫자마자 곧 혼미하게 되니 어찌 영원한 밝은 지혜가 될 수 있겠는가.

人之過誤는 宜恕나 而在己則不可恕요
인지과오 의서 이재기즉불가서
己之困辱은 當忍이나 而在人則不可忍이라.
기지곤욕 당인 이재인즉불가인

다른 사람의 잘못은 마땅히 용서해야 하지만 자신의 잘못은 용서해선 안 되며 나의 괴로움은 마땅히 참아야 하지만 다른 사람의 괴로움은 참아서는 안 된다.

能脫俗하면 便是奇니 作意尙奇者는
능탈속　　　변시기　　작의상기자

不爲奇而爲異하고 不合汚하면 便是淸이니
불위기이위이　　　불합오　　　변시청

絶俗求淸者는 不爲淸而爲激이라.
절속구청자　　불위청이위격

세속을 벗어나면 그것이 바로 기인이니 일부러 기이한 행동을 숭상하는 자는 기인이 되지 못하고 괴이한 사람이 되며 세속의 더러움에 섞이지 않으면 그것이 곧 청렴결백한 사람이니 세속과 인연을 끊고 청렴을 구하는 자는 과격한 사람이 될 뿐이다.

恩宜自淡而濃이니 先濃後淡者는
은의자담이농　　　선농후담자

人忘其惠하고 威宜自嚴而寬이니
인망기혜　　　위의자엄이관

先寬後嚴者는 人怨其酷이라.
선관후엄자　　인원기혹

은혜는 가볍게 시작하여 무겁게 나아가야 하니 먼저 무겁고 나중에 가벼우면 사람들은 은혜를 잊게 되며 위엄은 엄격하게 시작하여 관대함으로 나아가야 하니 먼저 너그럽고 나중에 엄격하면 사람들은 혹독함을 원망하게 된다.

心虛則性現하나니 不息心而求見性은
심허즉성현　　　　불식심이구견성
如撥波覓月이요 意淨則心淸하나니
여발파멱월　　　의정즉심청
不了意而求明心은 如索鏡增塵이라.
불료의이구명심　　여색경증진

마음을 비우면 본성이 나타나니 마음을 쉬게 하지 않고 본성 보기를 바라는 것은 물결을 헤치면서 달을 찾는 것과 같다. 뜻이 깨끗하면 마음도 밝아지니 뜻을 맑게 하지 않고 마음 맑기만을 바라는 것은 거울의 맑음을 찾으면서 먼지를 더하는 것과 같다.

我貴而人奉之는 奉此峨冠大帶也요
아귀이인봉지　　봉차아관대대야
我賤而人侮之는 侮此布衣草履也라.
아천이인모지　　모차포의초리야
然則原非奉我니 我胡爲喜하며 原非侮我니
연즉원비봉아　　아호위희　　　원비모아
我胡爲怒리오?
아호위노

내 몸이 귀해져서 남들이 나를 받드는 것은 높은 관과 큰 허리띠를 받드는 것이고 내 몸이 천해져서 남들이 나를 업신여기는 것은 베옷과 짚신을 업신여기는 것으로 원래의 나를 받드는 것이 아니니 내 어찌 기뻐할 것이며 본래의 나를 업신여기는 것이 아니니 내 어찌 노여워하겠는가.

爲鼠常留飯하고 憐蛾不點燈이라 하니
위 서 상 류 반   연 아 부 점 등

古人此等念頭는 是吾人一點生生之機라.
고 인 차 등 염 두   시 오 인 일 점 생 생 지 기

無此면 便所謂土木形骸而已니라.
무 차   변 소 위 토 목 형 해 이 이

쥐를 위해 항상 밥을 남겨 두고 불나방이 가여워 등불을 켜지 않는다 했으니 옛사람의 이러한 마음은 인간이 나고 자라는 기틀인 법이니 이 마음이 없다면 사람도 흙이나 나무로 된 형체일 뿐이다.

心體는 便是天體라. 一念之喜는 景星慶雲이요
심 체   변 시 천 체   일 념 지 희   경 성 경 운

一念之怒는 震雷暴雨요 一念之慈는 和風甘露요
일 념 지 노   진 뢰 폭 우   일 념 지 자   화 풍 감 로

一念之嚴은 烈日秋霜이니 何者少得이리오.
일 념 지 엄   열 일 추 상   하 자 소 득

只要隨起隨滅하여 廓然無碍면
지 요 수 기 수 멸   확 연 무 애

便與太虛同體니라.
변 여 태 허 동 체

마음의 본체는 곧 하늘의 본체와 같다. 한 가지 기쁜 생각은 상서로운 별과 경사스런 구름이요 한 가지 노여운 생각은 진동하는 우레와 쏟아지는 비요 한 가지 자비로운 생각은 부드러운 바람과 단 이슬이요 한 가지 엄격한 생각은 뜨거운 햇볕과 찬 서리이니 어느 것인들 부족해서야 될 것인가. 모름지기 중요한 것은 생각이 때에 따라 일어나고 사라져서 조금도 막힘이 없어야 하니 이것이 곧 우주와 더불어 한 몸이 되는 길이다.

無事時는 心易昏冥하니
무 사 시   심 이 혼 명

宜寂寂而照以惺惺하고 有事時에는
의 적 적 이 조 이 성 성   유 사 시

心易奔逸하니 宜惺惺而主以寂寂이라.
심 이 분 일   의 성 성 이 주 이 적 적

일이 없을 때는 마음이 쉽게 어두워지니 고요한 가운데 밝은 지혜로써 비추어야 하고 일이 있을 때는 마음이 쉽게 흐트러지니 깨어 있는 지혜 가운데 고요함으로 중심을 삼아야 한다.

議事者는 身在事外하여 宜悉利害之情하고
의사자   신재사외   의실이해지정

任事者는 身居事中하여 當忘利害之慮니라.
임사자   신거사중   당망이해지려

일을 의논하는 사람은 몸을 그 일 밖에 두어 이해의 실상을 살피고 일을 맡은 사람은 몸을 그 일 안에 두어 이해에 대한 생각을 잊어야 한다.

士君子가 處權門要路면 操履要嚴明하고
사군자   처권문요로   조리요엄명

心氣要和易하여 毋少隨而近腥羶之黨하고
심기요화이   무소수이근성전지당

亦毋過激而犯蜂蠆之毒이라.
역무과격이범봉채지독

선비와 군자가 권력의 지위에 있을 때는 몸가짐이 엄정하고 명백해야 하며 마음은 항상 온화하고 평이해야 하니 조금이라도 비린내 풍기는 탐욕스런 무리와 가까이 하지 말며 또한 과격하여 소인배의 독침을 건드리지 말아야 한다.

標節義者는 必以節義受謗하고
표절의자　필이절의수방
榜道學者는 常因道學招尤라.
방도학자　상인도학초우
故로 君子는 不近惡事하고
고　군자　불근악사
亦不立善名하니
역불립선명
只渾然和氣가 纔是居身之珍이라.
지혼연화기　재시거신지진

절개와 의리를 내세우는 사람은 반드시 절개와 의리 때문에 비난을 받고 도덕과 학문을 내세우는 사람은 항상 도덕과 학문 때문에 원망을 산다. 고로 군자는 악행에 가까이 서지 않을 뿐만 아니라 명예로움에도 쉽사리 서지 않으니 다만 원만한 화기만이 몸을 보전하는 보배일 따름이다.

遇欺詐的人이어든 以誠心感動之하고
우 기 사 적 인　　이 성 심 감 동 지
遇暴戾的人이어든 以和氣薰蒸之하며
우 폭 려 적 인　　이 화 기 훈 증 지
遇傾邪私曲的人이어든 以名義氣節激勵之하면
우 경 사 사 곡 적 인　　이 명 의 기 절 격 려 지
天下에 無不入我陶冶中矣니라.
천 하　무 불 입 아 도 야 중 의

속임수를 쓰는 사람은 정성스런 마음으로 감동시키고 포악한 사람은 온정으로 감화시키며 사악함에 빠져 사리사욕만 꾀하는 사람은 대의명분과 절조로 격려하고 인도하면 천하에 나의 다스림 속에 들어오지 않는 사람이 없을 것이다.

一念慈祥은 可以醞釀兩間和氣요
일 념 자 상　　가 이 온 양 양 간 화 기
寸心潔白은 可以昭垂百代淸芬이라.
촌 심 결 백　　가 이 소 수 백 대 청 분

하나의 자비심이 천지간의 온화한 기운을 빚어내며 조그마한 마음의 결백이 향기로운 이름을 백대에 밝게 드리운다.

陰謀怪習과 異行奇能은 俱是涉世的禍胎니
음모괴습 이행기능 구시섭세적화태
只一個庸德庸行이 便可以完混沌而召平和이니라.
지일개용덕용행 변가이완혼돈이소평화

은밀한 계략과 괴이한 습관과 이상한 행동과 기괴한 재주는 세상을 살아가는 데 불행의 씨앗이 되고 다만 평범한 덕행만이 곧 사람의 본성을 온전히 하여 평화를 부를 수 있다.

語云하되 登山耐側路하고 踏雪耐危橋라 하니
어운 등산내측로 답설내위교
一耐字는 極有意味라.
일내자 극유의미
如傾險之人情과 坎坷之世道에
여경험지인정 감가지세도
若不得一耐字하여 撑持過去면
약부득일내자 탱지과거
幾何不墮入榛莽坑塹哉리오?
기하불타입진망갱참재

옛말에 이르기를 산을 오를 때는 비탈길을 견뎌야 하고 눈길을 걸을 때는 위험한 다리를 견뎌야 한다고 했으니 '견딜 내(耐)' 자에는 깊은 뜻이 들어 있다. 만약 험악한 인정과 험난한 세상길도 '견딜 내(耐)' 자 한 글자로 지탱하여 나가지 않으면 어찌 가시덤불이나 구렁텅이에 빠져들지 않을 수 있겠는가.

誇逞功業과 炫耀文章은
과령공업　현요문장
皆是靠外物做人이니
개시고외물주인
不知心體瑩然하여 本來不失이면
부지심체형연　　　본래불실
卽無寸功隻字라도
즉무촌공척자
亦自有堂堂正正做人處라.
역자유당당정정주인처

공로를 뽐내거나 문장을 과시함은 모두 겉보기의 외물에 의해 이루어진 사람들이기 때문에 마음 바탕을 스스로 밝게 하여 근본을 잃지 않으면 비록 공로가 없고 배운 것이 없더라도 스스로 당당한 사람이 됨을 그들은 모르고 있다.

忙裡에 要偸閒이면 須先向閒時討個杷柄하고
망리 요투한 수선향한시토개파병
鬧中에 要取靜이면 須先從靜處立個主宰하라.
요중 요취정 수선종정처립개주재
不然이면 未有不因境而遷하고 隨事而靡者니라.
불연 미유불인경이천 수사이미자

바쁜 중에 한가로움을 얻으려면 모름지기 한가한 때에 마음의 바탕을 찾아놓아야 하고 시끄러운 중에 고요함을 얻고 싶으면 모름지기 고요한 때에 마음의 주체를 세우도록 하라. 그렇지 않으면 경우에 따라 변하고 일에 따라 흔들리지 않을 수 없다.

不昧己心하고 不盡人情하며 不竭物力하라.
불매기심 부진인정 불갈물력
三者可以爲天地立心하고
삼자가이위천지립심
爲生民立命하며 爲子孫造福이라.
위생민립명 위자손조복

자기의 마음을 어둡게 하지 말고 남의 인정에 가혹하지 말며 재물의 힘을 다 쓰지 말라. 이 세 가지는 천지를 위하여 마음을 세우고 모든 사람을 위하여 목숨을 세우며 자손을 위하여 복을 만드는 길이다.

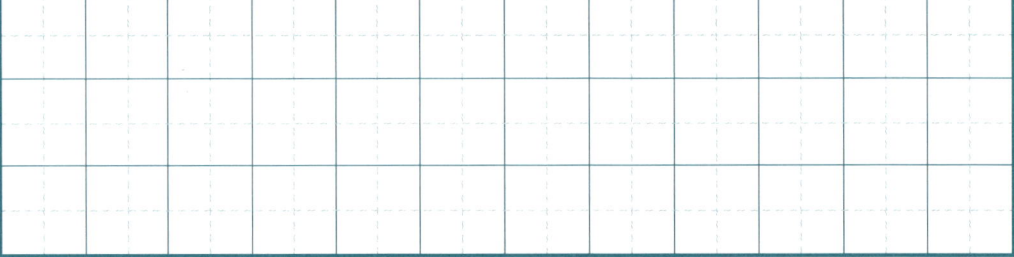

관직에 있는 이에게 줄 두 마디의 말은 오직 공정하면 밝은 지혜가 생기고 오직 청렴하면 위엄이 생긴다는 것이고 집에 있는 이에게 줄 두 마디의 말은 오직 너그러우면 불평이 없으며 오직 검소하면 살림이 넉넉해진다는 것이다.

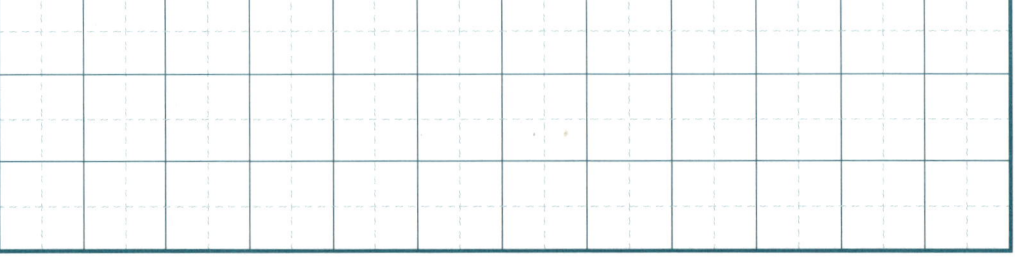

부귀한 처지에 있을 때에는 빈천함의 고통을 알아야 하고 젊고 왕성한 시기에는 늙었을 때의 괴로움을 생각해야 한다.

持身에는 不可太皎潔이니 一切汚辱垢穢를
지신   불가태교결   일체오욕구예

要茹納得이요 與人에는 不可太分明이니
요여납득   여인   불가태분명

一切善惡賢愚를 要包容得이라.
일체선악현우   요포용득

몸가짐을 지나치게 깨끗이 함은 불가한 법이니 때 묻음과 더러움도 용납할 수 있어야 하며 사람을 사귐에 지나치게 명백히 따지려 함은 불가한 법이니 선함과 악함과 현명함과 어리석음을 모두 포용할 수 있어야 한다.

休與小人仇讐하라. 小人은 自有對頭니라.
휴여소인구수   소인   자유대두

休向君子諂媚하라. 君子는 原無私惠니라.
휴향군자첨미   군자   원무사혜

소인과는 원수를 맺지 말라. 소인에게는 나름대로 상대가 있다. 군자에게 아첨하지 말라. 군자는 원래 사사로이 은혜를 베풀지 않는다.

縱欲之病은 可醫나 而執理之病은 難醫요
종욕지병   가의   이집리지병   난의
事物之障은 可除나 而義理之障은 難除라.
사물지장   가제   이의리지장   난제

욕심을 함부로 부리는 병은 고칠 수 있지만 자기 이론에 집착하는 병은 고치기 어렵고 사물의 막힘은 제거할 수 있지만 의리에 얽매인 장애는 제거하기가 어렵다.

磨礪는 當如百煉之金이니 急就者는 非邃養이요
마려   당여백련지금   급취자   비수양
施爲는 宜似千鈞之弩니 輕發者는 無宏功이라.
시위   의사천균지노   경발자   무굉공

마음을 갈고 닦는 것은 마땅히 백 번 단련한 쇠와 같아야 하니 급히 이룬 것은 깊은 수양이 아니고 일을 실천하는 것은 의당 천 근의 힘이 실리는 활을 다룸과 같아야 하니 가볍게 쏜 것은 큰 공을 이룰 수 없다.

寧爲小人所忌毀언정 母爲小人所媚悅하고
영위소인소기훼   무위소인소미열
寧爲君子所責修언정 母爲君子所包容하라.
영위군자소책수   무위군자소포용

소인에게 미움과 욕을 들을지라도 소인의 아첨과 칭찬 받는 일이 없도록 하고 군자에게 꾸짖음과 깨우침을 받을지라도 군자들이 감싸고 용서하는 대상이 되지 말라.

好利者는 逸出於道義之外하여 其害顯而淺이나
호리자   일출어도의지외   기해현이천
好名者는 竄入於道義之中하여 其害隱而深이라.
호명자   찬입어도의지중   기해은이심

이익을 챙기는 사람은 도의 밖으로 벗어나기 때문에 그 피해가 나타나는 정도가 얕고 명예를 좋아하는 사람은 도의 안으로 숨어들기 때문에 그 피해가 드러나지 않으나 지극히 깊다.

受人之恩에는 雖深이나 不報하고
수인지은   수심   불보
怨則淺이나 亦報之하며 聞人之惡에는 雖隱이나
원즉천   역보지   문인지악   수은
不疑하고 善則顯이나 亦疑之하니
불의   선즉현   역의지
此刻之極이요 薄之尤也라. 宜切戒之니라.
차각지극   박지우야   의절계지

남의 은혜를 입음에는 비록 받은 것이 커도 갚지 않으며 원망은 지극히 얕아도 갚으며 남의 악행을 들음에는 비록 확실하지 않더라도 의심하지 않지만 선행은 확실하더라도 이를 의심하니 이는 각박함의 극단이고 야박함의 지나침이니 모름지기 간절히 경계하라.

讒夫毁士는 如寸雲蔽日하여 不久自明이요
참부훼사   여촌운폐일   불구자명
媚子阿人은 似隙風侵肌하여 不覺其損이라.
미자아인   사극풍침기   불각기손

남을 참소하고 헐뜯는 사람은 조각구름이 햇볕을 가리는 것과 같아서 머지않아 스스로 명백해지고 아양을 떨고 아첨하는 사람은 문틈으로 드는 바람이 살결에 스미는 것과 같아서 그 해로움을 미처 깨닫지 못한다.

山之高峻處에는 無木이나 而谿谷廻環에는
산 지 고 준 처   무 목   이 계 곡 회 환
則草木이 叢生하고 水之湍急處에는 無魚나
즉 초 목 총 생   수 지 단 급 처   무 어
而淵潭停蓄에는 則魚鼈이 聚集하니
이 연 담 정 축   즉 어 별   취 집
此高絶之行과 褊急之衷을
차 고 절 지 행 편 급 지 충
君子는 重有戒焉이라.
군 자   중 유 계 언

산이 높고 험준하면 나무가 자라지 못하나 골짜기로 감도는 곳에는 초목이 무성하고 물살이 세고 급한 곳에는 물고기가 없으나 연못이 깊으면 물고기와 자라가 모여드니 지나치게 고상한 행동과 좁고 급한 마음은 군자로서 깊이 경계해야 한다.

建功立業者는 多虛圓之士요
건 공 립 업 자   다 허 원 지 사
僨事失機者는 必執拗之人이라.
분 사 실 기 자   필 집 요 지 인

공을 세우고 사업을 이룬 사람은 대개 허심탄회하고 원만하나 일을 그르치고 기회를 놓친 사람은 반드시 집착하고 고집이 센 사람이다.

處世에는 不宜與俗同하고 亦不宜與俗異하며
처 세   불 의 여 속 동   역 불 의 여 속 이
作事에 不宜令人厭 亦不宜令人喜하라.
작 사   불 의 령 인 염 역 불 의 영 인 희

세상을 살아감에는 마땅히 세속과 같이하지 말며 또한 세속과 다르게 하지도 말 것이며 일을 함에는 마땅히 남이 싫어하게 하지 말며 또한 남이 기뻐하게 하지도 말라.

日旣暮而猶烟霞絢爛하고
일 기 모 이 유 연 하 현 란
歲將晩而更橙橘芳馨이라.
세 장 만 이 갱 등 귤 방 형
故로 末路晩年을 君子는 更宜精神百倍하라.
고   말 로 만 년   군 자   갱 의 정 신 백 배

날이 이미 저물어도 노을은 오히려 아름답고 한 해가 장차 저물어 가는데 귤은 더욱 향기롭다. 그러므로 인생의 말년을 군자는 백배로 정신을 가다듬어 정진해야 한다.

鷹立如睡하고 虎行似病하니
응립여수 호행사병
正是他攫人噬人手段處라.
정시타확인서인수단처
故로 君子는 要聰明不露하고 才華不逞하니
고 군자 요총명불로   재화불령
纔有肩鴻任鉅的力量이라.
재유견홍임거적역량

매는 서 있되 조는 듯하고 범은 걸어가되 병든 듯하니 바로 이것이 그들의 사람을 움켜잡고 깨무는 수단이다. 마찬가지로 군자는 총명함을 드러내지 않고 재주를 뚜렷하게 나타내지 말아야 하니 이것이 큰일을 넓은 어깨에 멜 수 있는 지도자의 역량인 까닭이다.

儉은 美德也나 過則爲慳吝하고
검 미덕야 과즉위간린

爲鄙嗇하여 反傷雅道라.
위비색 반상아도

讓은 懿行也나 過則爲足恭하고
양 의행야 과즉위주공

爲曲謹하여 多出機心이라.
위곡근 다출기심

검소함은 아름다운 미덕이지만 지나치면 인색하고 비루하게 되어 오히려 정도를 손상시키고 겸양은 아름다운 행실이지만 지나치면 아첨이 되고 비굴해져서 음흉한 속셈이 드러나게 된다.

毋憂拂意하고 毋喜快心하며
무우불의 무희쾌심

毋恃久安하고 毋憚初難하라.
무시구안 무탄초난

뜻대로 되지 않는다고 근심하지 말며 마음에 흡족하다 기뻐하지 말며 오랫동안 편안함을 믿지 말고 처음이 어렵다고 꺼리지 말라.

飮宴之樂多는 不是個好人家요
음연지락다　　불시개호인가
聲華之習勝은 不是個好士子며
성화지습승　　불시개호사자
名位之念重은 不是個好臣士라.
명위지념중　　불시개호신사

술잔치의 즐거움이 잦은 집은 훌륭한 가정이 아니고 명성을 좋아하고 화려한 것을 즐기는 사람은 훌륭한 선비가 아니며 높은 지위와 명예에 생각이 많으면 훌륭한 신하가 아니다.

世人은 以心肯處爲樂이라 却被樂心引在苦處하고
세인　　이심긍처위락　　　　각피락심인재고처
達士는 以心拂處爲樂이라 終爲苦心換得樂來라.
달사　　이심불처위락　　　　종위고심환득락래

세상 사람은 마음에 맞는 것으로만 즐거움을 삼기 때문에 오히려 즐거운 마음에 이끌려 괴로운 곳에 있게 되고 달관한 선비는 마음에 거슬리는 것으로 즐거움을 삼기 때문에 마침내 괴로운 마음이 즐거움으로 바뀌어 온다.

居盈滿者는 如水之將溢未溢하여
거영만자　여수지장일미일

切忌再加一滴이요
절기재가일적

處危急者는 如木之將折未折하여
처위급자　여목지장절미절

切忌再加一搦이라.
절기재가일닉

가득 찬 곳에 있는 사람은 마치 물이 넘칠 듯 말 듯함과 같아서 단 한 방울의 물이라도 더하는 것을 간절히 꺼리고 위급한 곳에 있는 사람은 마치 나무가 꺾일 듯 말 듯함과 같아서 조금이라도 더 건드리는 것을 간절히 꺼리는 법이다.

冷眼觀人하고 冷耳聽語하며
냉안관인　　냉이청어

冷情當感하고 冷心思理하라.
냉정당감　　냉심사리

냉철한 눈으로 사람을 보고 냉철한 귀로 말을 들으며 냉철한 감정으로 느낌을 대하고 냉철한 마음으로 도리를 생각하라.

仁人은 心地寬舒하니 便福厚而慶長하여
인인 심지관서   변복후이경장

事事成個寬舒氣象하고
사사성개관서기상

鄙夫는 念頭迫促하니 便祿薄而澤短하여
비부   염두박촉   변록박이택단

事事得個薄促規模니라.
사사득개박촉규모

어진 사람은 마음이 너그러워 복이 두텁고 기쁜 일이 오래 지속되며 일마다 너그럽게 기상을 이루고 빈천한 사람은 마음이 편협하고 생각이 좁고 급하니 복이 박하고 은택이 짧아 일마다 좁고 옹색한 모양을 이룬다.

聞惡이라도 不可就惡니 恐爲讒夫洩怒요
문악   불가취오   공위참부설노

聞善이라도 不可急親이니 恐引奸人進身이라.
문선   불가급친   공인간인진신

악한 말을 듣더라도 금방 미워하지 말지니 고자질하는 자의 분풀이가 될까 두렵고 선한 말을 듣더라도 금방 사귀지 말지니 간사한 사람의 출세를 이끌어 줄까 두렵다.

性燥心粗者는 一事無成이요
성조심조자 일사무성
心和氣平者는 百福自集이라.
심화기평자 백복자집

성질이 조급하고 마음이 거친 사람은 한 가지 일도 이룰 수가 없고 마음이 온화하고 기질이 평온한 사람은 백 가지 복이 저절로 모여든다.

用人에 不宜刻이니 刻則思效者去하고
용인 불의각   각즉사효자거
交友에는 不宜濫이니 濫則貢諛者來니라.
교우   불의람   남즉공유자래

사람을 쓸 때는 각박해서는 안 되니 각박하면 일하려던 사람마저 떠나 버리고 친구를 사귈 때는 함부로 사귀지 말지니 함부로 사귀면 아첨하는 자가 몰려온다.

風斜雨急處에는 要立得脚定하고
풍사우급처   요립득각정

花濃柳艷處에는 要着得眼高하며
화농류염처   요착득안고

路危徑險處에는 要回得頭早니라.
노위경험처   요회득두조

비바람이 심한 곳에서는 다리를 굳건히 세워야 하고 꽃향기가 무르익고 버들이 고운 곳에서는 안목을 보다 높이 가짐이 중요하고 위태롭고 험한 길에서는 빨리 머리를 돌려 물러서야 한다.

節義之人은 濟以和衷하면
절의지인   제이화충

纔不啓忿爭之路하고 功名之士는
재불계분쟁지로   공명지사

承以謙德하면 方不開嫉妬之門이라.
승이겸덕   방불개질투지문

절개와 의리가 높은 사람은 온화한 마음을 길러야 분쟁의 길을 열지 않고 공명심이 높은 사람은 겸양의 덕을 길러야 질투의 문을 열지 않게 된다.

士大夫는 居官에 不可竿牘無節이니
사대부 거관 불가간독무절

要使人難見하여 以杜倖端이요
요사인난견 이두행단

居鄕에는 不可崖岸太高니
거향 불가애안태고

要使人易見하여 以敦舊好니라.
요사인이견 이돈구호

사대부가 공직에 있을 때는 편지 한 장에도 절도가 있어야 요행을 바라는 무리에게 틈을 주지 않고 시골에 살 때는 위엄을 지나치게 세우지 말아야 하니 사람들로 하여금 그 본심을 쉽게 보게 하여 정을 두텁게 할 수 있다.

大人은 不可不畏니 畏大人하면
대인 불가불외 외대인

則無放逸之心하고 小民도 亦不可不畏니
즉무방일지심 소민 역불가불외

畏小民하면 則無豪橫之名이라.
외소민 즉무호횡지명

대인은 가히 두려워하지 않으면 안 되니 대인을 두려워하면 방종한 마음이 없어지고 보통 사람도 역시 두려워하지 않으면 안 되니 보통 사람을 두려워하면 횡포하다는 평판이 없어질 것이다.

事稍拂逆에 便思不如我的人이면
사초불역　　변사불여아적인
則怨尤自消하고 心稍怠荒에
즉원우자소　　　심초태황
便思勝似我的人하면 則精神自奮이라.
변사승사아적인　　　즉정신자분

일이 뜻대로 되지 않을 때는 나보다 못한 사람을 생각하면 원망하고 탓하는 마음이 저절로 없어지고 마음이 게으르고 거칠어졌을 때는 나보다 나은 사람을 생각하면 정신이 저절로 분발하게 된다.

不可乘喜而輕諾하고 不可因醉而生嗔하며
불가승희이경락　　　불가인취이생진
不可乘快而多事하고 不可因倦而鮮終이라.
불가승쾌이다사　　　불가인권이선종

기쁨에 들떠 가벼이 허락하지 말며 술 취함을 빙자하여 성내지 말며 즐거운 마음에 들떠 많은 일을 벌이지 말며 고달프다 하여 끝맺음을 소홀히 말라.

善讀書者는 要讀到手舞足蹈處라야
선 독 서 자   요 독 도 수 무 족 도 처

方不落筌蹄하고 善觀物者는
방 불 락 전 제   선 관 물 자

要觀到心融神洽時라야 方不泥迹象이라.
요 관 도 심 융 신 흡 시   방 불 니 적 상

독서를 잘하는 사람은 책을 읽어 손발이 절로 춤추게 되어야 비로소 형식에 구애받지 않게 되고 사물을 잘 관찰하는 사람은 마음과 정신이 융합하여 사물과 하나가 되는 경지에 이르러야 비로소 사물의 외형에 구애되지 않는다.

天賢一人하여 以誨衆人之愚어늘
천 현 일 인   이 회 중 인 지 우

而世反逞所長하여 以形人之短하며
이 세 반 령 소 장   이 형 인 지 단

天富一人하여 以濟衆人之困이어늘
천 부 일 인   이 제 중 인 지 곤

而世反挾所有하여 以凌人之貧하니
이 세 반 협 소 유   이 능 인 지 빈

眞天之戮民哉로다.
진 천 지 륙 민 재

하늘은 한 사람을 현명하게 하여 많은 사람의 어리석음을 일깨우거늘 세상은 오히려 제 장점을 뽐내어 남의 단점을 드러내려 하고 하늘은 한 사람을 부유하게 하여 많은 사람의 가난을 구제하거늘 세상은 오히려 제 가진 것만 믿고 뽐내어 가난한 사람을 업신여기려 드니 참으로 천벌을 받을 일이다.

至人은 何思何慮리오.
지인 하사하려

愚人은 不識不知라 可與論學하고
우인 불식부지 가여론학

亦可與建功이라.
역가여건공

唯中才的人은 多一番思慮知識하니
유중재적인 다일번사려지식

便多一番億度猜疑하여 事事에 難與下手라.
변다일번억탁시의 사사 난여하수

통달한 사람은 무엇을 생각하고 무엇을 근심하리오. 어리석은 사람은 아는 것도 없고 생각마저 없어 더불어 학문을 논할 수도 있고 더불어 공도 이룰 수 있다. 그러나 재주가 어중간한 사람은 나름대로 지식과 생각이 있고 억측과 시기도 많아 일마다 함께 하기가 어렵다.

口乃心之門이니 守口不密하면
구 내 심 지 문　　　수 구 불 밀

洩盡眞機하고 意乃心之足이니
설 진 진 기　　　의 내 심 지 족

防意不嚴하면 走盡邪蹊니라.
방 의 불 엄　　　주 진 사 혜

입은 곧 마음의 문이니 입을 지키되 엄밀히 못하면 마음의 참된 기밀이 모두 새어나가고 뜻은 곧 마음의 발이니 뜻 막기를 엄격히 못하면 마음은 그릇된 길로 달아나 버린다.

責人者는 原無過於有過之中하면 則情平하고
책 인 자　　원 무 과 어 유 과 지 중　　　즉 정 평

責己者는 求有過於無過之內하면 則德進이라.
책 기 자　　구 유 과 어 무 과 지 내　　　즉 덕 진

남을 꾸짖을 때는 허물이 있는 중에서 허물이 없는 부분을 찾으면 곧 불평이 사라지고 자신을 꾸짖을 때는 허물이 없는 데서 허물이 있음을 찾으면 곧 덕으로 나아간다.

子弟者는 大人之胚胎요
자제자   대인지배태

秀才者는 士夫之胚胎니
수재자   사부지배태

此時에 若火力不到하여 陶鑄不純하면
차시   약화력부도   도주불순

他日에 涉世立朝하여 終難成個令器니라.
타일   섭세립조   종난성개령기

어린이는 어른이 될 씨앗이요 수재는 사대부가 될 씨앗이니 이때 만약 화력이 모자라고 단련이 서툴면 훗날 세상에 나아가 일을 맡을 때 훌륭한 그릇을 이루기 어렵다.

君子는 處患難而不憂하고 當宴遊而惕慮하며
군자   처환난이불우   당연유이척려

遇權豪而不懼하고 對惸獨而警心이라.
우권호이불구   대경독이경심

군자는 환난을 당하여도 근심하지 않으나 즐거운 때를 당하여는 근심하며 권세 있는 사람을 만나서는 두려워하지 않으나 외로운 사람을 만나서는 마음 아파한다.

桃李雖艶이나 何如松蒼栢翠之堅貞하며
도리수염　　　하여송창백취지견정

梨杏雖甘이나 何如橙黃橘綠之馨冽이리오.
이행수감　　　하여등황귤록지형렬

信乎라. 濃夭不及淡久하며
신호　　농요불급담구

早秀不如晚成也로다.
조수불여만성야

복숭아꽃과 오얏꽃이 비록 곱지만 어찌 저 푸른 송백의 굳은 절개만 할 것이며 배와 살구가 비록 달지만 어찌 노란 유자와 푸른 귤의 높은 향기와 같을 수 있겠는가. 참으로 옳은 말이다. 너무 고와 빨리 지느니보다 담박하여 오래가는 것이 좋고 일찍 빼어 남보다는 늦게 이루는 것이 한결 낫다.

風恬浪靜中에 見人生之眞境하고
풍념랑정중　　견인생지진경

味淡聲希處에 識心體之本然이라.
미담성희처　　식심체지본연

바람 자고 물결 고요한 가운데 인생의 참된 경지를 보고 맛이 담백하고 소리가 희미한 곳이라야 마음의 본 모습을 깨우치게 된다.